PHP 8

Sommario

Capitolo 1: Introduzione

Cos'è PHP?

PHP è un linguaggio lato server. Questo concetto può essere un po' difficile da comprendere, soprattutto se in qualità di sviluppatore hai progettato solo siti web utilizzando linguaggi lato client come HTML, CSS e JavaScript.

Un linguaggio lato server è simile a JavaScript in quanto consente di incorporare piccoli programmi (script) nel codice HTML di una pagina web. Quando vengono eseguiti, questi programmi offrono un controllo maggiore su ciò che appare nella finestra del browser rispetto a quello che il solo HTML può fornire.

La differenza fondamentale tra JavaScript e PHP è la fase di caricamento della pagina Web in cui vengono eseguiti tali programmi.

I linguaggi lato client come JavaScript vengono letti ed eseguiti dal browser Web dopo aver scaricato la pagina Web dal server Web. Al contrario, i linguaggi lato server come PHP vengono eseguiti dal server web, prima di inviare la pagina web al browser.

Mentre i linguaggi lato client ti danno il controllo su come si comporta una pagina una volta visualizzata dal browser, i linguaggi lato server ti consentono di generare pagine personalizzate al volo prima ancora che vengano inviate al browser. Una volta che il server web ha eseguito il codice PHP incorporato in una pagina web, il risultato prende il posto del codice PHP nella pagina.

Tutto ciò che il browser vede è codice HTML standard quando riceve la pagina, da cui il nome "linguaggio lato server".

```
<!DOCTYPE html>
<html lang="it">
<head>
    <meta charset="utf-8">
    <title>Data odierna</title>
</head>
<body>
    <p>La data di oggi (secondo il
server Web) è
        <?php
        echo date('l, F jS Y.');
        ?>
    </p>
</body>
</html>
```

La maggior parte di questo è semplice codice HTML ad esclusione delle righe tra `<?php` e `?>` dove è compreso del codice PHP. `<?php` segna l'inizio di uno script PHP incorporato nel codice HTML mentre `?>` ne segna la fine. Al server Web viene chiesto di interpretare tutto ciò che si trova tra questi due delimitatori e di convertirlo in un normale codice HTML prima di inviare la pagina Web al browser che ne ha fatto richiesta. Il browser si presenta con quanto segue:

```
<!DOCTYPE html>
<html lang="it">
<head>
    <meta charset="utf-8">
    <title>Data odierna</title>
</head>
<body>
    <p>La data di oggi (secondo il
server Web) is è
       Lunedì, 28 Dicembre 2020.
    </p>
</body>
</html>
```

Come puoi intuire PHP è un linguaggio molto potente e molto usato infatti è al centro del più grande sistema di blog sul web (WordPress), è usato per gestire uno dei più grandi social network del mondo (Facebook) e, soprattutto, è anche abbastanza facile da usare come primo linguaggio lato server per un principiante.

In un file PHP potrai trovare testo, codice HTML, CSS, JavaScript così come codice PHP. Ogni file valido per PHP deve avere come estensione ".php" per poter essere validato.

Ricapitolando, con PHP puoi:

- Generare contenuti di pagine dinamiche;
- Creare, aprire, leggere, scrivere e modificare i file presenti sul server;
- Raccogliere ed elaborare i dati dei form;
- Utilizzare i cookie;
- Aggiungere, modificare o eliminare dati dal database;
- Controllare l'accesso degli utenti;
- Crittografare i dati.

I punti di forza di PHP

PHP è uno dei linguaggi di scripting lato server più ammirati e più popolari per la creazione di siti Web. Con una curva di apprendimento bassa, offrendo sicurezza ed efficienza, PHP è diventato la scelta preferita degli sviluppatori di siti web. A causa dei numerosi vantaggi di questo linguaggio di scripting, molte famose aziende come Facebook, Yahoo, Wikipedia, Flickr ecc. utilizzano questo linguaggio di scripting, contribuendo al suo sviluppo. In questo sottocapitolo, vediamo i punti di forza di PHP.

- Semplicità

Con PHP, la fase di codifica è molto semplice, è come scrivere un saggio per un computer, tranne per il fatto che il saggio è un pezzo di codice che lo istruisce a creare ed eseguire siti Web nel modo più efficiente possibile. Creare un codice in PHP è semplice e, sebbene alcuni sviluppatori si lamentino del fatto che non crea le necessarie abitudini di codifica (non segue alcuni standard), consente al codice di essere altamente personalizzato e quindi più facile da proteggere.

- Open-source

Oltre a questo, PHP è un linguaggio open-source e gratuito, facile da usare e ha un'incredibile quantità di documentazione disponibile, rendendolo il metodo più conveniente per creare siti Web robusti ed affidabili. Inoltre, PHP riduce le barriere per i nuovi sviluppatori di siti Web, consentendo loro di sfruttare semplicemente le proprie capacità e affiancandosi in modo semplice ai principianti.

- Integrato con CMS

L'ultima (e recente) tendenza verso contenuti adattivi ha reso la personalizzazione del CMS (Content Management System) un'esigenza competitiva cruciale per le aziende. Un contenuto adattivo è un contenuto personalizzato per il singolo visitatore del sito Web (utilizzando l'accesso o la cronologia dei visitatori) per creare un'esperienza one-to-one per i visitatori. Ciò è possibile solo se il codice del sito web può essere personalizzato e integrato con il CMS.

PHP consente agli sviluppatori di siti web di trasformarli a loro piacimento. Tutti i siti Web PHP sono completamente personalizzabili e possono essere trasformati per soddisfare le esigenze dei clienti con facilità perché i sistemi di gestione dei contenuti come WordPress, Drupal, Joomla e molti altri sono principalmente basati su PHP. Quindi, lo sviluppo o l'integrazione di una soluzione CMS personalizzata con il tuo sito web è molto più semplice.

- Versatilità

Un codice creato in PHP può essere eseguito su tutte le principali piattaforme, consentendo allo sviluppatore di integrare perfettamente il sito Web su più piattaforme. Ciò consente all'azienda di sfruttare in modo conveniente tutta l'infrastruttura esistente, sfruttando piattaforme diverse come Windows, Unix e Linux, con la possibilità di interfacciare il proprio sito Web con MySQL (come vedremo nel capitolo 11) e Apache.

- Scalabilità

Facebook, la piattaforma di social media più grande e potente, utilizza codice scritto in PHP. Facebook ha persino creato un linguaggio derivato da PHP, chiamato "Hack" per soddisfare le nuove esigenze per la gestione dei contenuti. Questo mostra il livello di flessibilità, robustezza e soprattutto scalabilità che è proprio di PHP. Rispetto ad altri linguaggi, il più grande vantaggio di PHP è che il codice del sito web può essere aggiornato senza richiedere il riavvio del server!

- Estensibilità

PHP è uno dei linguaggi più scalabili per lo sviluppo di siti web. Essendo un linguaggio open-source, la sua famiglia di sviluppatori online è continuamente coinvolta nello sviluppo di estensioni per soddisfare i nuovi requisiti delle aziende. Ciò consente agli sviluppatori e alle aziende di sviluppare e aggiungere facilmente nuove funzionalità e caratteristiche al proprio sito Web in modo semplice e veloce. L'ultima tendenza nel campo dei contenuti adattivi consiste nel rendere i siti Web reattivi, creando notevole interesse per i sistemi con griglia fluida. In questo contesto, HTML5 è lo standard di settore indiscusso per lo sviluppo di siti Web altamente dinamici e reattivi. È qui che PHP emerge come linguaggio che consente al suo codice di essere facilmente incorporato nell'HTML. Gli sviluppatori possono convertire facilmente il codice del sito web statico esistente in uno completamente nuovo dinamico aggiungendo il loro codice PHP in HTML.

- Comunità

Questo è un corollario del fatto che PHP è un linguaggio open-source. Il linguaggio stesso ha una comunità vasta e in continua crescita di sviluppatori ed esperti professionisti, desiderosi di supportare i principianti e coinvolti nell'affrontare continuamente nuovi problemi e nuove sfide del Web. Inoltre, considerata la popolarità del linguaggio, gli sviluppatori sono tenuti a offrire prezzi altamente competitivi.

- Libreria standard

Ciò che differenzia un buon linguaggio di programmazione da uno eccezionale è l'estensione della sua libreria standard. Le librerie svolgono un ruolo cruciale nel semplificare e accelerare la capacità di elaborazione dei dati del linguaggio. Dato che i visitatori online trascorrono non più di 5 secondi per pagina web mentre navigano (nella prima fase di "ricerca"), il tempo di caricamento del sito web gioca un ruolo cruciale nel mantenerli coinvolti nel sito web. PHP offre un ampio supporto la gestione di HTTP, espressioni regolari, analisi degli URL e driver di database, per citarne solo alcuni. È vero che la libreria è incoerente, ma la comunità offre un notevole supporto!

- Prestazioni eccezionali

PHP migliora la velocità di sviluppo tanto quanto la velocità di esecuzione. Operando su uno stack web convenzionale, PHP sfrutta il server web Apache e consente alle applicazioni di sfruttare i database MySQL, consentendo agli sviluppatori di creare soluzioni one-stop su misura per la presenza online.

Il turnaround time è uno dei fattori più importanti che migliorano le prestazioni di qualsiasi sito web e PHP offre un turnaround molto basso. L'ampia libreria standard, una vasta gamma di estensioni, funzionalità multipiattaforma, perfetta integrazione e personalizzazione di vari CMS e capacità di incorporamento consentono agli sviluppatori esperti di offrire tempi di consegna eccezionalmente rapidi a tariffe competitive. Inoltre, qualsiasi sito Web sviluppato utilizzando PHP ha funzionalità di elaborazione dei dati più veloci e risulta compatibile con tutti i sistemi operativi come Windows, UNIX e così via.

- Diversi framework

PHP è in grado di fornire tempi di consegna eccezionalmente rapidi perché dispone di una famiglia sufficientemente ampia di framework PHP. Si tratta di Zend e Yii a livello aziendale, Laravel e Sympfony a tutto tondo, così come gli ottimizzatori di prestazioni Phalcon e PHPixie per progetti di applicazioni veloci o Code Igniter per quelli più robusti.

Capitolo 2: Tipi di dati

La sintassi PHP sarà molto familiare a chiunque abbia già usato JavaScript, C, C++, C#, Objective-C, Java, Perl o qualsiasi altro linguaggio derivato dal C. Ma se questi linguaggi non ti sono familiari o se sei nuovo nella programmazione in generale, non devi preoccuparti.

Uno script PHP è costituito da una serie di comandi o istruzioni. Ogni riga è un'istruzione che deve essere eseguita dal server Web prima che possa procedere all'istruzione successiva. Le istruzioni PHP, come quelle nei suddetti linguaggi, sono sempre terminate da un punto e virgola (;).

```
<!DOCTYPE html>
<html lang="it">
<head>
    <meta charset="utf-8">
    <title>Data odierna</title>
```

```
</head>
<body>
    <p>La data di oggi (secondo il
server Web) è
        <?php
        echo date('l, F jS Y.');
        ?>
    </p>
</body>
</html>
```

Nell'esempio precedente, invece di dare a `echo` una semplice stringa di testo in output, abbiamo richiamato una funzione incorporata `date`, passando una stringa di testo: `'l, F jS Y.'`. Puoi pensare alle funzioni integrate come attività che PHP sa come eseguire senza che tu debba specificarne i dettagli. PHP dispone di molte funzioni integrate che ti consentono di fare qualsiasi cosa, dall'invio di e-mail alla gestione delle informazioni memorizzate in vari tipi di database.

Quando si richiama una funzione in PHP, ovvero le si chiede di svolgere il proprio lavoro, si dice che si sta “chiamando” o “invocando” quella funzione. La maggior parte delle funzioni restituisce un valore quando vengono chiamate e PHP quindi si comporta come se avessi effettivamente appena digitato il valore restituito invece nel tuo codice.

In questo caso, la nostra istruzione `echo` contiene una chiamata alla funzione `date`, che restituisce la data corrente come stringa di testo. L'istruzione `echo` quindi restituisce il valore restituito dalla chiamata alla funzione. Potresti chiederti perché abbiamo bisogno di racchiudere la stringa di testo con entrambe le parentesi `((...))` e le virgolette singole `('...')`. Come in SQL, le virgolette sono usate in PHP per contrassegnare l'inizio e la fine delle stringhe di testo, quindi ha senso che siano lì. Le parentesi servono a due scopi: innanzitutto, indicano che la data è una funzione che vuoi chiamare, inoltre, segnano l'inizio e la fine di un elenco di argomenti che si desidera fornire, al fine di indicare alla funzione cosa si vuole che faccia. Nel caso della funzione `date`, è necessario fornire una stringa di testo che descrive il formato in cui desideri che appaia la data.

Questa premessa è propedeutica per conoscere meglio le basi di PHP e per introdurre i tipi di dati. Ogni funzione può restituire un tipo di dato diverso, pertanto, è fondamentale conoscerli e saperli usare:

- Boolean
- Integer
- Float / Double
- String
- Array
- Oggetti

Boolean

Boolean è un tipo di dati che viene utilizzato nella maggior parte dei linguaggi di programmazione per computer come Java, Python, C, PHP, ecc. È un tipo di dati che ha uno o due valori possibili (vero o falso) e ha lo scopo di rappresentare i due valori di verità della logica e dell'algebra booleana. A seconda delle condizioni, imposterà il suo valore come 1 (vero) o 0 (falso). Questo tipo di dati viene utilizzato da molti linguaggi di programmazione per verificare se una condizione è soddisfatta e, in tal caso, eseguire delle istruzioni.

In PHP, il tipo di dati booleano viene utilizzato per impostare i valori delle variabili e viene utilizzato principalmente per istruzioni condizionali come `if`, `while`, `for`, `switch`, ecc.

Questi comandi condizionali e iterativi sono principalmente definiti per testare queste espressioni con valori booleani.

Boolean è uno dei tipi di dati scalari in PHP. Un dato booleano può essere `TRUE` o `FALSE` quindi vero o falso. Questi valori sono delle costanti predefinite in PHP e una variabile diventa una variabile booleana quando le viene assegnato il valore `TRUE` o `FALSE`.

```
<?php
// Assegnazione del valore booleano TRUE
alla variabile
$var = TRUE;
?>
```

Ricorda che il risultato della funzione `echo` con valore `TRUE` restituisce 1 mentre per `FALSE` non restituisce nulla. Le costanti booleane non fanno distinzione tra maiuscole e minuscole. Ciò significa che `TRUE` è equivalente a `true` e `FALSE` è simile a `False`.

Qualsiasi tipo di dati può essere convertito in modo esplicito in booleano con l'aiuto dell'operatore di casting `(bool)` o `(boolean)`, sebbene, la maggior parte delle volte, la conversione venga eseguita in modo automatico quando richiesto.

Integer

Prima di iniziare a parlare di Integer in PHP come tipo di dati, capiamo prima il termine Integer. Un Integer è un tipo di dati, un tipo di variabile che contiene un valore numerico completo. Numeri completi (o interi) come -1, 23, 343, -23, -50 ecc. Integer può essere positivo, negativo così come può essere zero. Quasi tutti i linguaggi di programmazione come C, JAVA e C++ supportano interi con funzionalità complete. Ma, nel linguaggio PHP, nel momento in cui assegniamo un valore Integer a qualsiasi variabile, può essere considerato come un tipo di dati intero. Poiché PHP è un linguaggio di programmazione abbastanza permissivo, non è necessario dichiarare alcuna variabile con il tipo di dati specificato prima di utilizzarlo. I numeri interi possono essere utilizzati direttamente in PHP al momento dell'assegnazione. Per gestire i valori numerici esiste un tipo di dati appropriato in quasi tutti i linguaggi di programmazione.

In PHP, Integer è un tipo di dati scalare che rappresenta una costante numerica ovvero un numero intero senza alcuna parte frazionaria. PHP consente di esprimere un intero in un sistema numerico decimale, esadecimale, ottale o binario anteponendo il simbolo appropriato. Per impostazione predefinita, Integer viene assunto in notazione decimale mentre per il sistema numerico esadecimale, ottale e binario, si usano rispettivamente `0x`, `0` e `0b` in forma prefissa.

```
<?php
// Assegnazione di un valore intero alla
variabile
$var = 252;        // Decimale
$var1 = 045;       // Ottale
$var2 = oxB2;      // Esadecimale
$var3 = 0b1001; // Binario
?>
```

Per una migliore leggibilità, il valore Integer può utilizzare "_" come simbolo di separazione che verrà omesso dallo scanner PHP durante l'elaborazione.

```
<?php
$var=48_795; // verrà trattato come
48795
?>
```

Poiché esistono diverse versioni di PHP, è importante sapere che l'uso del simbolo "_" è consentito dalla versione PHP 7.40.

```
<?php
$var=10;
echo "Decimale: " . $var ."\n";

//Ottale
$var1=012;
echo "Ottale: " . $var1 ."\n";

//Esadecimale
$var2=0xa;
echo "Esadecimale: " . $var2 . "\n";

//Binario
$var3=0b1010;
echo "Binario: " . $var3;
?>
```

Il risultato di questo codice sarà:

```
Decimale: 10
Ottale: 10
Esadecimale: 10
Binario: 10
```

Float / Double

In PHP, il tipo di dati Float viene utilizzato per impostare valori frazionari. Un float è un numero con un punto decimale e può anche essere esteso in forma esponenziale, pertanto, è anche chiamato numero in virgola mobile. Esistono vari modi per rappresentare i valori float come 3.14, 4.75, 5.88E + 20, ecc. In PHP, se i valori sono molto grandi e contengono decimali, vengono convertiti automaticamente in float. Il float ha una precisione massima di circa 14 cifre e, se il numero è superiore all'intervallo di valori della cifra massima, perderà la sua precisione.

I programmatori utilizzano la parola chiave `float` prima del nome della variabile in modo che il tipo di dati venga impostato durante l'inizializzazione della variabile. Un valore float può essere impostato su una variabile nella fase di inizializzazione stessa semplicemente citando il nome della variabile seguito da un segno di uguale e il valore float o decimale per quella variabile. È possibile cambiare lo stato / valore in qualsiasi momento a meno che la variabile non sia stata dichiarata come `static`. Principalmente, un float viene utilizzato in applicazioni che includono valute, percentuali ecc. ma possiamo usare variabili float in modo simile a variabili intere e possiamo usarle con operazioni di base come addizione, sottrazione, moltiplicazione, divisione. In base al risultato, verrà decisa la modalità di memorizzazione del valore di output.

È fondamentale capire la distinzione tra Float e Double, il primo indica un numero in virgola mobile breve che è la più piccola precisione fissa fornita da un'implementazione. Controlla la versione PHP che stai utilizzando per verificare che questo tipo di dati sia supportato. La sua precisione minima è di 13 bit e ha una dimensione esponente minima di 5 bit, perciò, sarà preciso fino a 4 cifre decimali. Double, invece, è un numero a virgola mobile doppia, la sua precisione minima è di 50 bit e la dimensione minima dell'esponente è di 8 bit. La precisione di questi tipi di dati varia in base all'implementazione e, di solito, Double è preciso fino a 14 cifre decimali.

```
<?php
$prezzo_di_vendita = 840,15;
$prezzo_costo = 790,9;
echo "Il valore del prezzo di vendita è
$prezzo_di_vendita \n";
echo "Il valore del prezzo di costo è
$prezzo_costo";
?>
```

Nell'esempio sopra, l'output sarà il valore della variabile `prezzo_di_vendita` e del `prezzo_costo`, ovvero i valori float assegnati alle variabili verranno stampati nella schermata di output.

String

Le stringhe sono una sequenza di caratteri. In PHP, un carattere è uguale a un byte, quindi sono possibili esattamente 256 caratteri diversi. In PHP è possibile creare anche lunghe stringhe, infatti, non esiste alcun vincolo pratico alla dimensione delle stringhe ma bisogna ricordare che PHP non ha supporto nativo per Unicode.

Un valore String può essere specificato in tre modi diversi:

- Con apici singoli
- Con apici doppi
- Con Heredocs

Il modo più semplice per stampare una stringa è racchiuderla tra apici singoli (utilizzando il carattere '). Se vuoi stampare un singolo apice (') all'interno di una stringa, devi eseguire l'escape con una barra rovesciata come avviene in molti altri linguaggi. Se una hai bisogno di stampare uno slash (/) prima di una virgoletta singola o alla fine della stringa, la barra rovesciata deve essere presente due volte. Nel seguente esempio, alla fine di ogni stringa, è stato aggiunto un tag HTML per l'interruzione di riga:

```
<?php
echo 'Una semplice riga. <br/>';
echo 'Esempio di stringa
su due righe <br/>';
echo 'All\'alba vincerò... <br/>';
echo 'Questo è un comando non valido:
del c:\\*.* <br/>';
?>
```

Quando vogliamo stampare alcuni caratteri speciali o valori delle variabili all'interno di una stringa, racchiudiamo la stringa tra virgolette doppie ("). In questo modo possiamo usare i valori presenti in questa tabella:

`\n`	spazio della linea
`\r`	ritorno a capo
`\t`	tab orizzontale
`\\`	backslash
`\$`	simbolo del dollaro
`\"`	doppi apici

Oltre alle sintassi delle virgolette singole e delle virgolette doppie, esiste un altro modo per incorporare grandi parti di testo negli script che possono includere molte virgolette doppie e/o singole.

Ecco un esempio:

```
<?php
$stringa=<<<ID
"Domani non potrò venire a casa tua"
"sara' per la prossima volta."
'Grazie mille'
ID;
echo $stringa;
?>
```

Il risultato sarà: `"Domani non potrò venire a casa tua," "sara' per la prossima volta." 'Grazie mille'`

Array

Un array è una raccolta di elementi di qualsiasi tipo di dati come String, Integer, Boolean... ecc. Un array 2D è un mix di questi tipi di dati ma esistono tre diversi tipi di array 2D in PHP che sono i seguenti:

- Array numerico
- Array associativo
- Array Multidimensionale

Vediamo un esempio di ciascuno tipo:

```
<?php
// Array numerico
$input = array(10,20,30,40,50);

// Array associativo
$input = array(0 =>Luca, 1=>Mirko,
2=>'Antonio');

// Array multidimensionale
$input = array(
    array( "rosso", "rosa", "bordeaux"
),
    array( "grigio", "bianco", "nero" )
```

```
);
?>
```

Come puoi vedere, nel primo caso si tratta di un insieme di oggetti con un indice numerico, nel secondo si tratta di una matrice con stringa o indice numerico. Gli elementi di questo array vengono archiviati sotto forma di una coppia chiave-valore, come in un dizionario. Nell'ultimo caso la matrice di una matrice è una matrice multidimensionale che è sempre un array e quindi chiamato array annidato.

Oggetti

Un oggetto è un tipo di dati che non solo consente di memorizzare dati ma anche informazioni su come elaborare tali dati. Un oggetto è un'istanza specifica di una classe che funge da modello (o template) per gli oggetti. Gli oggetti vengono creati in base a questo modello tramite la parola chiave `new`.

Ogni oggetto ha delle proprietà e dei metodi corrispondenti a quelli della sua classe genitore. Ogni istanza di un oggetto è completamente indipendente, con proprietà e metodi propri e può quindi essere manipolata indipendentemente da altri oggetti della stessa classe.

Ecco un semplice esempio di definizione di una classe seguita dalla creazione dell'oggetto:

```
<?php
// Definizione della classe
class saluto {
  // proprietà
  public $str = "Hello World!";

  // metodi
  function saluta_amico () {
    return $this-> str;
  }
}

// Creazione dell'oggetto dalla classe
$messaggio = new saluto;
var_dump($messaggio);
?>
```

Ricorda che gli elementi dei dati memorizzati all'interno di un oggetto sono indicati come le sue proprietà e informazioni, il codice che descrive come elaborare tali dati è detto metodo dell'oggetto.

In questo esempio abbiamo usato una nuova funzione, mai incontrata prima ma che risulta molto utile. La funzione `var_dump` in PHP consente di visualizzare le informazioni contenute nelle variabili, specificando sia il tipo sia il valore.

Capitolo 3: Variabili e costanti

Le variabili in PHP sono identiche alle variabili nella maggior parte degli altri linguaggi di programmazione. Per chi non lo sapesse, una variabile può essere pensata come un nome dato a una scatola immaginaria in cui può essere collocato qualsiasi valore letterale.

La seguente istruzione crea una variabile chiamata `$testVariabile` (tutti i nomi delle variabili in PHP iniziano con un segno di dollaro) e le assegna il valore letterale 6:

```
<?php
$testVariabile = 6;
?>
```

PHP è un linguaggio debolmente tipizzato e ciò significa che una singola variabile può contenere qualsiasi tipo di dati, sia esso un numero, una stringa di testo o un altro tipo di valore, può addirittura memorizzare diversi tipi di valori nel corso della sua esistenza.

La seguente istruzione, se la si dovesse digitare dopo la precedente, assegnerebbe un nuovo valore alla `$testVariabile` già esistente. Dove prima era contenuto un numero, ora è contenuta una stringa di testo:

```
<?php
$testVariabile = 'Sei';
?>
```

Il segno di uguale che abbiamo utilizzato nelle ultime due istruzioni è chiamato operatore di assegnazione, poiché viene utilizzato per assegnare valori alle variabili.

Le costanti in PHP sono variabili i cui valori, una volta definiti, non possono essere modificati e queste costanti sono definite senza un segno `$` all'inizio. Le costanti PHP vengono create utilizzando la funzione `define()`. Questa funzione accetta due parametri: il primo è il nome e il secondo è il valore della costante definita.

Il nome della costante inizia con lettere o trattini bassi e non con un numero. Può iniziare con una lettera o un trattino basso seguito da lettere, trattini bassi o numeri. Il nome distingue tra lettere maiuscole e minuscole pertanto è case-sensitive. Dopo che una costante è stata definita, non può essere più definita o ridefinita ma rimane la stessa in tutto lo script e non può essere modificata. Vediamo un esempio di come definire ed usare una costante:

```
<?php
// esempio per dimostrare le costanti
define ("SALUTO", "Hello World!");
echo SALUTO;
?>
```

Capitolo 4: Operatori logici e operatori aritmetici

Operatori logici

Come suggerisce il nome inglese (bitwise operators), gli operatori bit a bit in PHP vengono utilizzati per eseguire operazioni a livello di bit sugli operandi su cui devono essere operati. Questa operazione viene eseguita convertendo prima questi operandi nel loro livello di bit e successivamente viene eseguito il calcolo richiesto su di essi. Diverse operazioni matematiche possono essere eseguite a questo livello anziché al livello di valore booleano per un'elaborazione più rapida.

Gli operatori binari lavorano su 2 operandi e in PHP, l'operatore AND bit per bit accetta due numeri come valori di input ed esegue AND su ciascun bit di questi due numeri. Il risultato sarà booleano e pari a 1 se entrambi i bit sono 1 e 0 in qualsiasi altro caso.

```
<?php
$a = 61;
$b = 32;
echo $a & $b;
?>
```

Di seguito è riportata la rappresentazione binaria di 61 e 32 in tabella. Come mostrato di seguito, solo il terzo bit corrisponde alla condizione e quindi l'output finale è 32.

	128	64	32	16	8	4	2	1		
$a	0	0	1	1	1	1	0	1	=	61
$b	0	0	1	0	0	0	0	0	=	32
Risultato	0	0	1	0	0	0	0	0	=	32

In modo analogo all'operatore AND binario, l'operatore OR bit per bit accetta due numeri come operandi di input ed esegue un’operazione OR su ciascun bit di questi due numeri e il risultato è un booleano. Restituisce 1 soltanto se uno dei bit o entrambi i bit sono 1 perciò il risultato sarà 0 solo se entrambe le cifre sono 0.

```
<?php
$a = 50;
$b = 36;
echo $a | $b;
?>
```

Nella tabella seguente è visualizzata la rappresentazione binaria di 50 e 36 rispettivamente. Come per l'operazione OR, possiamo vedere che nel 2°, 3°, 5° e 6° bit ci sono cifre pari a 1, quindi anche la rispettiva posizione per il risultato sarà 1 mentre le cifre rimanenti sono riempite da 0 poiché non soddisfano la condizione. Quindi l'output finale che otteniamo è 54.

	128	64	32	16	8	4	2	1		
$a	0	0	1	1	0	0	1	0	=	50
$b	0	0	1	0	0	1	0	0	=	36
Risultato	0	0	1	1	0	1	1	0	=	54

L'operatore XOR è un operatore binario che prende l'input di due numeri come operandi ed esegue l'operazione XOR su ogni suo bit e il risultato di questi due numeri sarà vero se uno dei due bit è vero e l'output sarà falso solo se entrambi i bit sono veri ed entrambi i bit sono falsi. La tabella sottostante aiuta a chiarire il concetto:

a	b	Risultato
0	0	0
0	1	1
1	0	1
1	1	0

Ecco un esempio:

```
<?php
$a = 22;
$b = 31;
echo $a ^ $b;
?>
```

Di seguito è riportata la rappresentazione binaria di 22 e 31 rispettivamente mostrata nella tabella. Nella tabella sottostante, possiamo vedere che nel quinto e nell'ottavo bit uno dei bit è 1, quindi nell'output quei bit sono pari a 1 mentre quelli rimanenti sono 0. Il risultato è pari a 9 quando convertito in decimale.

	128	64	32	16	8	4	2	1		
$a	0	0	0	1	0	1	1	0	=	22
$b	0	0	0	1	1	1	1	1	=	31
Risultato	0	0	0	0	1	0	0	1	=	9

A differenza di tutti gli operatori esaminati sino ad ora, l'operatore NOT è unario quindi esegue un NOT bit per bit su un singolo operando preso come input. Come suggerisce il nome, l'output sarà l'esatto opposto del suo input.

```
<?php
$a = 20;
$b = 65;
echo $a & ~ $b;
?>
```

Per rendere l’esempio più interessante abbiamo unito l’operazione AND ad un’operazione NOT. Vediamo il risultato:

	128	64	32	16	8	4	2	1		
$a	0	0	0	1	0	1	0	0	=	20
$b	0	1	0	0	0	0	0	1	=	65
$~b	1	0	1	1	1	1	1	0	=	190
Risultato	0	0	0	1	0	1	0	0	=	20

Operatori di confronto

Gli operatori di confronto in PHP vengono generalmente utilizzati per confrontare due valori che possono essere variabili (i valori delle variabili possono essere una stringa o un numero o qualsiasi altro tipo di dato confrontabile). Vediamo quali operatori di confronto andremo ad analizzare in PHP:

- Uguale
- Identico
- Diverso
- Non identico
- Maggiore di
- Minore di
- Maggiore o uguale a
- Minore o uguale a

Questi sono alcuni dei nomi di operatori di confronto per comparare due tipi di valori simili in base ai nostri requisiti. Esistono diversi tipi di operatore di confronto in molti linguaggi di programmazione, tuttavia quelli appena citati sono disponibili in PHP.

Il risultato dell'operatore uguale sarà `TRUE` solo se il valore della prima variabile è uguale al valore della seconda variabile. Se il valore della prima variabile non è uguale al valore della seconda variabile, il risultato del confronto sarà `FALSE`.

Creiamo un programma per confrontare due valori (stringhe o numeri) che vengono assegnati alle relative variabili come valori. Se questi valori sono gli stessi, l'output sarà vero altrimenti falso. In base a tale output verrà eseguito il codice rimanente.

```
<?php
//1. confronto solo valori numerici
utilizzando due variabili
$ordinati = 5;
$disponibili = 2;
if($ordinati==$disponibili){
```

```
  echo "VERO: perché i valori delle due
variabili sono gli stessi";
}
else{
  echo "FALSO: perché i valori delle due
variabili non sono gli stessi";
}
//2. Programma per confrontare due
valori di stringa
$a = "pwd123";
$b = "pwd123";
if($a==$b){
  echo "VERO: i valori stringa assegnati
alle due variabili sono gli stessi";
}
else{
  echo "FALSO: i valori stringa
assegnati alle due variabili non sono
gli stessi";
}
?>
```

Il risultato nel primo caso sarà falso mentre nel secondo sarà vero perché le stringhe sono uguali.

A questo punto ti starai chiedendo la differenza con l'operatore Identico, cosa cambia da Uguale a Identico? Questo operatore darà `TRUE` se i valori delle due variabili appartengono allo stesso tipo di dati, altrimenti il risultato sarà `FALSE`.

Il programma seguente sarà `bool(false)` perché i due valori che sono nelle variabili x, y non appartengono allo stesso tipo di dati, quindi il risultato sarà falso.

```
<?php
$x = 400;
$y = "400";
var_dump($x === $y); // false
?>
```

Andiamo a verificare anche la disuguaglianza con l'operatore non uguale (`!=`) che diventerà `TRUE` se il valore della prima variabile non è uguale al valore della seconda variabile, altrimenti il risultato sarà `FALSE`. Controlla gli esempi di seguito:

```
<?php
$disponibili = 1;
$ordinati = 2;
if($disponibili!=$ordinati){
```

```
  echo "VERO :: i valori delle variabili
non sono gli stessi previsti";
}
else{
  echo "FALSO :: i valori delle
variabili sono gli stessi che non ti
aspettavi";
}
?>
```

Come abbiamo esaminato per l'operatore Identico, sono valide le stesse considerazioni per l'operatore Non Identico. Questo operatore produrrà il risultato `TRUE` solo quando i valori delle due variabili non appartengono agli stessi tipi di dati altrimenti restituirà `FALSE` se i tipi di dati del valore della variabile sono gli stessi.

```
<?php
$x = 400;
$y = "400";
var_dump($x !== $y); // true
?>
```

In modo molto più intuitivo sono disponibili gli altri operatori (Maggiore di, Minore di,

Maggiore o uguale a, Minore o uguale a). L'unica differenza tra questi è il simbolo e la presenza dell'uguale nel caso in cui si voglia verificare anche l'uguaglianza.

```
<?php
$disponibili = 1;
$ordinati = 2;
if($disponibili >= $ordinati){
  echo "VERO :: Bisogna aggiornare
l'inventario";
}
else{
  echo "FALSO :: Non ci sono abbastanza
prodotti";
}
?>
```

Puoi divertirti a modificare le condizioni utilizzando Maggiore di (simbolo >), Minore di (simbolo <), Maggiore o uguale a (simbolo >=), Minore o uguale a (simbolo <=).

Operatori aritmetici

Gli operatori aritmetici sono uno dei tipi di operatori nel linguaggio di programmazione PHP. Essi sono molto utili per risolvere calcoli matematici e per facilitare i nostri compiti nella risoluzione dei problemi. Gli operatori aritmetici possono essere utilizzati solo con i valori numerici per eseguire operazioni aritmetiche come Addizione (+), Sottrazione (-), Moltiplicazione (*), Divisione (/), Modulo (%).

L'addizione è uno degli operatori aritmetici del linguaggio di programmazione PHP e richiede almeno due o più valori numerici da sommare.

```
<?php
$x = 25;
$y = 24;
$z = $x + $y;
echo "Valore x : $x";
echo "<br/>";
echo "Valore y : $y";
echo "<br/>";
echo "Somma x + y :: ";
```

```
echo $z;
echo "<br/>";
echo "<hr/>";
$w = 23;
echo "Valore w : $w";
echo "<br/>";
$k = $z + $w ;
echo "Somma x + y + w :: $k";
?>
```

Il risultato di questo codice sarà:

```
Valore x : 25
Valore y : 24
Somma x + y :: 49
```

```
Valore w : 23

Somma x + y + w :: 72
```

Allo stesso modo è possibile utilizzare gli altri operatori quindi gli esempi sono abbastanza banali per sottrazione, moltiplicazione e divisione.

Il Modulo è uno degli operatori aritmetici disponibili in questo linguaggio di programmazione e sono necessari almeno due o più valori numerici per conoscere il valore rimanente. Il risultato di questo operatore è il resto della divisione di un numero con qualsiasi altro numero. Ecco un esempio:

```
<?php
$x = 25;
$y = 3;
$z = $x % $y;
echo "Valore x : $x";
echo "<br/>";
echo "Valore y : $y";
echo "<br/>";
echo "Operazione x % y :: ";
echo $z;
?>
```

Il risultato sarà il seguente:

```
Valore x : 25
Valore y : 3
Operazione x % y :: 1
```

Un ruolo particolare, invece, è ricoperto dagli operatori di incremento e decremento. Tali operatori possono essere in forma prefissa o postfissa, creando spesso confusione tra i principianti. Quando questi operatori si trovano in forma prefissa viene prima effettuato l'incremento o il decremento di una unità della variabile e successivamente viene restituito il valore della variabile già aggiornato. Quando si trovano in forma postfissa viene subito restituito il valore della variabile e poi viene incrementato o decrementato di una unità.

```
<?php
$x = 10;
echo ++$x; // Risultato: 11
echo $x;   // Risultato: 11

$x = 10;
echo $x++; // Risultato: 10
echo $x;   // Risultato: 11

// Equivalgono a $x = $x+1

$x = 10;
echo --$x; // Risultato: 9
echo $x;   // Risultato: 9

$x = 10;
echo $x--; // Risultato: 10
echo $x;   // Risultato: 9

// Equivalgono a $x = $x-1
```

```
?>
```

Presta particolare attenzione con questi tipi di operatori in quanto è facile confondersi tra forma prefissa e postfissa. Ogni operatore rappresenta una scorciatoia per l'addizione e la sottrazione di un'unità come specificato dai commenti nel codice.

Capitolo 5: Strutture di controllo e cicli

Come la maggior parte dei linguaggi di programmazione, PHP consente anche di scrivere codice che esegue azioni diverse in base ai risultati di condizioni di test logiche o comparative in fase di esecuzione. Ciò significa che è possibile creare condizioni di test sotto forma di espressioni che restituiscono `true` o `false` e in base a questi risultati è possibile eseguire determinate azioni.

Ci sono diverse istruzioni in PHP che puoi usare per prendere decisioni:

- L'istruzione `if`
- L'istruzione `if...else`
- L'istruzione `switch...case`

If

L'istruzione `if` viene utilizzata per eseguire un blocco di codice solo se la condizione specificata restituisce `true`. Questa è la più semplice istruzione condizionale di PHP e può essere scritta come:

```php
<?php
$prezzo = 200;
if($prezzo == 200){
  echo "E' un affare, compralo subito!";
}
?>
```

Else

È possibile migliorare il processo decisionale fornendo una scelta alternativa aggiungendo un blocco `else` al blocco `if`. L'istruzione `if...else` consente di eseguire un blocco di codice se la condizione specificata viene valutata come vera e un altro blocco di codice se viene valutata come falsa. Può essere scritto in questo modo:

```
<?php
$prezzo = 201;
if($prezzo <= 200){
  echo "E' un affare, compralo subito!";
}
else {
  echo "Aspetta che il prezzo scenda!";
}
?>
```

Switch

Analizziamo adesso un altro caso. Immaginiamo di voler stampare un messaggio diverso in base al giorno della settimana. Stai immaginando di scrivere molte istruzioni `if`, invece è possibile usare un costrutto più pulito ed elegante come `switch`:

```
<?php
$giorno = date("D");
switch($giorno){
    case "Mon":
        echo "Oggi è lunedì, ricorda di
fare la spesa.";
        break;
    case "Tue":
        echo "Oggi è martedì, c'è
lezione di karate!";
        break;
    case "Wed":
        echo "Oggi è mercoledì. Andare
al dottore.";
        break;
    case "Thu":
        echo "Oggi è giovedì, pagare la
bolletta.";
        break;
    case "Fri":
```

```
        echo "Oggi è venerdì, festa in
discoteca.";
        break;
    case "Sat":
        echo "Oggi è sabato, pulire
casa.";
        break;
    case "Sun":
        echo "Oggi è domenica, relax
totale!";
        break;
    default:
        echo "Nessun giorno
selezionato.";
        break;
}
?>
```

L'istruzione `switch-case` differisce dall'istruzione `if-else` in un modo importante. L'istruzione `switch` viene eseguita riga per riga (cioè istruzione per istruzione) e una volta che PHP trova un'istruzione `case` che restituisce `true`, non solo esegue il codice corrispondente a tale istruzione `case`, ma esegue anche tutte le istruzioni `case` successive fino alla fine del blocco automaticamente.

Per evitare ciò, viene aggiunta un'istruzione `break` alla fine di ogni blocco dei `case`. L'istruzione `break` dice a PHP di uscire dal blocco di istruzioni `switch-case` una volta eseguito il codice associato al primo caso vero.

Spesso è utile automatizzare delle azioni affinché si ripetano più volte. I cicli vengono utilizzati per eseguire lo stesso blocco di codice in modo ripetitivo, purché venga soddisfatta una determinata condizione. L'idea alla base di un ciclo consiste nell'automatizzare le attività ripetitive all'interno di un programma per risparmiare tempo e fatica. PHP supporta quattro diversi tipi di loop:

- `while` esegue un blocco di codice fino a quando la condizione specificata restituisce `true`;

- `do...while` il blocco di codice viene eseguito una volta e poi viene valutata la condizione. Se la condizione è vera, il blocco di codice definito viene ripetuto finché la condizione specificata è vera.
- `for` esegue un blocco di codice finché il contatore non raggiunge un numero specificato.
- `foreach` esegue un blocco di codice per ogni elemento presente in un array.

For

Il ciclo `for` ripete un blocco di codice fintanto che viene soddisfatta una certa condizione. Viene tipicamente utilizzato per eseguire un blocco di codice per un certo numero di volte.

I parametri del ciclo `for` hanno i seguenti significati:

- inizializzazione: viene utilizzata una variabile per indicare un contatore e viene valutato una volta incondizionatamente prima dell'esecuzione del corpo del ciclo.
- valutazione: all'inizio di ogni iterazione, viene valutata la condizione. Se restituisce `true`, il ciclo continua e vengono eseguite le istruzioni annidate. Se restituisce `false`, l'esecuzione del ciclo termina.

- incremento: aggiorna il contatore del ciclo con un nuovo valore.

L'esempio seguente definisce un ciclo che inizia con `$i = 1`. Il ciclo continuerà fino a quando `$i` sarà minore o uguale a 3. La variabile `$i` aumenterà di 1 unità ogni volta che il ciclo viene eseguito:

```
<?php
for($i=1; $i<=3; $i++){
    echo "Il numero è " . $i . "<br>";
}
?>
```

Il risultato, come prevedibile sarà il seguente:

```
Il numero è 1
Il numero è 2
Il numero è 3
```

Foreach

L'iteratore `foreach` è usato per scorrere gli elementi presenti in un array dato. Supponiamo di avere un array con i giorni della settimana:

```
<?php
$giorni = array("Lunedì", "Martedì",
"Mercoledì", "Giovedì", "Venerdì",
"Sabato", "Domenica");

// Itero sull'array
foreach($giorni as $giorno){
    echo $giorno . "<br>";
}
?>
```

In questo caso il risultato sarà un insieme di righe (`<br>` interrompe la riga corrente) e su ogni riga ci sarà un giorno della settimana presente nell'array, a partire da `Lunedì`.

Un caso particolare di questo iteratore consiste nell'uso combinato di chiave e valore:

```
<?php
$persona = array(
    "nome" => "Antonio",
    "cognome" => "Rossi",
    "eta" => 28
);

// Itero sull'array persona
foreach($persona as $chiave => $valore){
    echo $chiave . " : " . $valore .
"<br>";
}
?>
```

While

L'istruzione `while` eseguirà un ciclo attraverso un blocco di codice fintanto che la condizione specificata nell'istruzione `while` restituisce `true`.

L'esempio seguente definisce un ciclo che inizia con `$i = 1`. Il ciclo continuerà ad essere eseguito fintanto che `$i` è minore o uguale a 3. `$i` aumenterà di 1 unità ogni volta che viene eseguito il ciclo:

```
<?php
$i = 1;
while($i <= 3){
    echo "Il numero è " . $i . "<br>";
    $i++;
}
?>
```

Come vedi, questo ciclo è equivalente a quello definito con il ciclo `for`, infatti, eseguendo tale ciclo avrai lo stesso risultato.

Il ciclo `do-while` è una variante del ciclo `while`, che valuta la condizione alla fine di ogni iterazione del ciclo. Con un ciclo `do-while` il blocco di codice viene eseguito una volta, quindi la condizione viene valutata e, se la condizione è vera, l'istruzione viene ripetuta fintanto che la condizione specificata valutata è vera. L'esempio seguente definisce un ciclo che inizia con `$i = 1`, quindi aumenterà `$i` di 1 unità e stamperà l'output. La condizione viene valutata e il ciclo continuerà a essere eseguito finché `$i` è minore o uguale a 3.

```
<?php
$i = 1;
do{
    echo "Il numero è " . $i . "<br>";
    $i++;
}
while($i <= 3);
?>
```

Anche in questo caso il risultato non cambia, l'unica cosa che cambia è lo stile adottato per il ciclo. In base alle esigenze è più conveniente usare `for`, `while` o `do-while`.

In realtà, il ciclo while differisce dal ciclo `do-while` in un modo importante: con un ciclo `while`, la condizione da valutare viene testata all'inizio di ogni iterazione del ciclo, quindi se l'espressione condizionale restituisce `false`, il ciclo non verrà mai eseguito.

Con un ciclo `do-while`, d'altra parte, il ciclo verrà sempre eseguito una volta, anche se l'espressione condizionale è falsa, perché la condizione viene valutata alla fine dell'iterazione del ciclo piuttosto che all'inizio.

Capitolo 6: Le espressioni regolari

Cosa sono

Un'espressione regolare è un breve pezzo di codice che descrive uno schema di testo che può essere presente in una stringa. Usiamo espressioni regolari per cercare e sostituire dei modelli di testo e sono disponibili in molti linguaggi di programmazione e ambienti, sono particolarmente diffusi nei linguaggi di sviluppo web come PHP.

La popolarità delle espressioni regolari ha tutto a che fare con la loro utilità e assolutamente nulla a che fare con quanto sono facili da usare, perché non sono affatto facili da capire. In effetti, per la maggior parte delle persone che le incontrano per la prima volta, le espressioni regolari sembrano frutto della pressione di tasti casuale sulla tastiera. Ecco, ad esempio, un'espressione regolare relativamente semplice che corrisponderà a qualsiasi stringa che potrebbe essere considerata un indirizzo e-mail valido:

```
/^[\w\.\-]+@([\w\-]+\.)+[a-z]+$/i
```

Spaventoso, vero? Entro la fine di questa sezione, sarai effettivamente in grado di capirne di più. Il linguaggio di un'espressione regolare è talmente criptico che, una volta che lo padroneggi, potresti sentirti come se fossi in grado di fare incantesimi magici con il codice che scrivi.

Validazione REGEX

Per cominciare, iniziamo con alcune espressioni regolari molto semplici. Questa è un'espressione regolare che cerca il testo "PHP" (senza virgolette):

```
/PHP/
```

Abbastanza semplice, giusto? È il testo per il quale desideri cercare circondato da una coppia di delimitatori corrispondenti. Tradizionalmente, le barre (/) vengono utilizzate come delimitatori di espressioni regolari, ma un'altra scelta comune è il carattere cancelletto (#). Puoi effettivamente utilizzare qualsiasi carattere come delimitatore tranne lettere, numeri o barre rovesciate (\).

Per utilizzare un'espressione regolare, è necessario avere familiarità con le funzioni delle espressioni regolari disponibili in PHP. `preg_match` è il più semplice e può essere utilizzato per determinare se un'espressione regolare corrisponde ad una particolare stringa di testo. Considera questo codice:

```
<?php
$testo = 'Validazione REGEX e PHP!';
if (preg_match('/PHP/', $testo))
{
 $output = '$testo contiene la stringa
&ldquo;PHP&rdquo;.';
}
else
{
 $output = '$testo non contiene la
stringa &ldquo;PHP&rdquo;.';
}
echo $output;
?>
```

In questo esempio, l'espressione regolare trova una corrispondenza perché la stringa memorizzata nella variabile `$testo` contiene "PHP". Questo esempio produrrà quindi il messaggio mostrato nel blocco `if` (si noti che le virgolette singole attorno alle stringhe nel codice impediscono a PHP di inserire il valore della variabile `$testo`).

Per impostazione predefinita, le espressioni regolari fanno distinzione tra maiuscole e minuscole; ovvero, i caratteri minuscoli nell'espressione corrispondono solo ai caratteri minuscoli nella stringa e i caratteri maiuscoli corrispondono solo ai caratteri maiuscoli. Se invece desideri eseguire una ricerca senza distinzione tra maiuscole e minuscole, puoi utilizzare un modificatore di pattern per fare in modo che l'espressione regolare ignori le maiuscole.

I modificatori di pattern sono dei flag di un carattere che seguono il delimitatore finale di un'espressione. Il modificatore per eseguire una corrispondenza senza distinzione tra maiuscole e minuscole è `i`. Quindi, mentre `/PHP/` corrisponderà solo alle stringhe che contengono "PHP", `/PHP/i` corrisponderà alle stringhe che contengono "PHP", "php" o anche "pHp".

Le espressioni regolari sono quasi un linguaggio di programmazione a sé stante. Una straordinaria varietà di caratteri ha un significato speciale quando compaiono in un'espressione regolare. Usando questi caratteri speciali, puoi descrivere in dettaglio il modello di caratteri che una funzione PHP come `preg_match` cercherà. Per mostrarti cosa intendo, diamo un'occhiata a un'espressione regolare leggermente più complessa:

```
/^PH.*/
```

Il simbolo (^), il punto (.) e l'asterisco (*) sono tutti caratteri speciali che hanno un significato specifico all'interno di un'espressione regolare. In particolare, il cursore (^) significa "l'inizio della stringa", il punto significa "qualsiasi carattere" e l'asterisco significa "zero o più del carattere precedente". Pertanto, il modello `/^PH.*/` corrisponde non solo alla stringa "PH" ma "PHP", "PHX", "PHP: Hypertext Preprocessor" e qualsiasi altra stringa che inizia con "PH".

La sintassi delle espressioni regolari può essere decisamente confusa e difficile da ricordare, quindi se intendessi farne un uso intenso, un buon riferimento potrebbe tornare utile. Il manuale PHP include un riferimento molto completo alle espressioni regolari, qui ne vediamo solo le basi. Ecco alcuni dei caratteri speciali delle espressioni regolari più comunemente usati e alcuni semplici esempi per illustrare come funzionano:

$ (dollaro)	Corrisponde alla fine della stringa. Questo esclude tutti i caratteri

<table>
<tr><td>+
(più)</td><td>Richiede che il carattere precedente appaia una o più volte</td></tr>
<tr><td>? (punto interrogativo)</td><td>Questo carattere rende facoltativo il carattere precedente</td></tr>
<tr><td>| (pipe)</td><td>Fa sì che l'espressione regolare corrisponda al modello a sinistra della barra verticale o al modello a destra di essa</td></tr>
<tr><td>(...)
parentesi</td><td>Definiscono un gruppo di caratteri che devono ricorrere insieme, a cui è quindi possibile applicare un modificatore come *, + o ?</td></tr>
<tr><td>[...]
parentesi quadrate</td><td>Definiscono una classe di caratteri. Una classe di caratteri corrisponde a un carattere tra quelli elencati tra parentesi quadre. Una classe di caratteri può includere un elenco esplicito di caratteri (ad esempio, [aqz], che è uguale a (a | q | z)) o un intervallo di caratteri (come [az], che è uguale a (a | b | c |... | z)</td></tr>
<tr><td>\d</td><td>Corrisponde a qualsiasi cifra; è uguale a [0-9]</td></tr>
</table>

\w	Corrisponde a qualsiasi "parola". È lo stesso di [a-zA-Z0-9_]

Capitolo 7: Lavorare con le stringhe

Stampare le stringhe

L'istruzione `echo` può stampare a video una o più stringhe. In termini generali, l'istruzione `echo` può visualizzare tutto ciò che può essere visualizzato nel browser, come stringhe, numeri, valori di variabili, risultati di espressioni ecc. Poiché `echo` è un costrutto di linguaggio non in realtà una funzione (come l'istruzione `if`), puoi usarlo anche senza parentesi. Tuttavia, se si desidera passare più di un parametro, i parametri non devono essere racchiusi tra parentesi.

Il seguente esempio ti mostrerà come visualizzare codice HTML usando l'istruzione `echo`:

```php
<?php
// Mostra codice HTML
echo "<h4>Questo è un titolo h4</h4>";
echo "<h4 style='color: red;'>Questo è
un titolo h4 rosso</h4>";
?>
```

È inoltre possibile utilizzare l'istruzione `print` (un'alternativa a `echo`) per visualizzare l'output nel browser. Come l'`echo`, anche `print` è un costrutto del linguaggio, non una funzione reale. Sia l'istruzione `echo` che l'istruzione `print` funzionano esattamente allo stesso modo tranne per il fatto che l'istruzione `print` può produrre solo una stringa e restituisce sempre 1. Ecco perché l'istruzione `echo` è considerata leggermente più veloce dell'istruzione `print` poiché non restituisce alcun valore.

```php
<?php
// Mostra codice HTML
print "<h4>Questo è un titolo h4</h4>";
print "<h4 style='color: red;'>Questo è
un titolo h4 rosso</h4>";
?>
```

Concatenare le stringhe

PHP offre diversi tipi di operatori con funzionalità distintive. Gli operatori ci consentono di eseguire attività aritmetiche, concatenazioni di stringhe, confrontare valori ed eseguire operazioni booleane, e tanto altro. In questo sottocapitolo impareremo gli operatori di stringa forniti da PHP.

Ci sono due operatori di stringa forniti da PHP.

1. Operatore di concatenazione ("."): combina due valori di stringa e restituisce una nuova stringa;
2. Operatore di assegnazione concatenazione (".="): collega l'argomento che si trova alla sua destra all'argomento sul lato sinistro.

Dimostriamo l'utilità degli operatori di cui sopra con i seguenti esempi:

```
<?php
$a = 'Buon ';
$b = 'pomeriggio';
$c = $a.$b;
echo "$c";
# Buon pomeriggio
?>
```

```
<?php
$a = 'Buon ';
$b = 'pomeriggio';
$c = $a.$b;
$c .= '.';
echo "$c";
# Buon pomeriggio.
?>
```

Funzionalità base

PHP fornisce molte funzioni incorporate per manipolare le stringhe, ad esempio, calcolare la lunghezza di una stringa, trovare sottostringhe o caratteri, sostituire parte di una stringa con caratteri diversi, “esplodere” una stringa e molte altre. La funzione `strlen()` viene utilizzata per calcolare il numero di caratteri all'interno di una stringa e include anche gli spazi vuoti all'interno della stringa:

```
<?php
$stringa = 'Mi piace PHP!';

echo strlen($stringa);
// Risultato: 13
?>
```

Un’altra funzionalità molto utile in PHP riguarda il conteggio delle parole, grazie alla funzione `str_word_count()`:

```php
<?php
$stringa = 'Mi piace PHP!';

echo str_word_count($stringa);
// Risultato: 3
?>
```

Altre due funzioni molto utili sono relative alla sostituzione di tutte le occorrenze del testo ricercato all'interno della stringa di destinazione, così come la possibilità di invertire una stringa (utile per scovare palindromi). Puoi opzionalmente passare il quarto argomento alla funzione `str_replace()` per sapere quante volte sono state eseguite le sostituzioni di stringa.

```php
<?php
$stringa = 'PHP mi piace molto!';

// Mostra la stringa modificata
echo str_replace("molto", "moltissimo",
$stringa);

// Risultato: PHP mi piace moltissimo!

// Conta quante sostituzioni vengono
effettuate
```

```
echo str_replace("molto", "moltissimo",
$stringa, $contatore);

// Risultato: PHP mi piace moltissimo!

// Mostra quante sostituzioni sono state
effettuate
echo "Il testo è stato sostituito
$contatore volte.";

// Risultato: Il testo è stato
sostituito 1 volta.

// Mostra la stringa inversa
echo strrev($stringa);

// Risultato: !otlom ecaip im PHP
?>
```

Altre due funzioni utili sono `implode` ed `explode` che consentono rispettivamente di ottenere una stringa partendo da un array e viceversa.

```
<?php
$arr =
array('Ciao','amici!','Tutto','bene?');
echo implode(" ", $arr) . '<br>';

// Risultato: Ciao amici! Tutto bene?

$str = "Buon pomeriggio amici. Vi piace
PHP?";
```

```
print_r (explode(" ",$str));

// Risultato: Array ( [0] => Buon [1] =>
pomeriggio [2] => amici. [3] => Vi [4]
=> piace [5] => PHP? )
?>
```

Data e ora

date

La funzione PHP `date()` converte un timestamp in una data e un'ora in formato più leggibile. Tutti i computer memorizzano le date e le ore in un formato chiamato UNIX Timestamp, che misura il tempo come il numero di secondi dall'inizio dell'epoca Unix (mezzanotte Greenwich Mean Time del 1° gennaio 1970 ovvero 1° gennaio 1970 00:00:00 GMT).

Poiché questo è un formato poco pratico da leggere per gli esseri umani, PHP converte un timestamp in un formato leggibile dagli umani e le date dalla tua notazione in un timestamp che il computer può comprendere. La sintassi della funzione PHP `date()` richiede il parametro `format` che specifica il formato della data e dell'ora restituite.

Tuttavia, il timestamp è un parametro facoltativo e, se non incluso, verranno utilizzate la data e l'ora correnti. La seguente istruzione mostra la data odierna:

```
<?php
$oggi = date("d/m/Y");
echo $oggi;
?>
```

Non sempre, però hai bisogno di questo formato quindi vediamo come personalizzarlo in base alle tue esigenze. Il primo parametro della funzione `date()` è infatti una stringa che può contenere più caratteri permettendo di generare una stringa contenente vari componenti della data e dell'ora scelti, come il giorno della settimana, AM o PM, ecc.

I caratteri relativi alla formattazione della data comunemente utilizzati sono:

- `d` rappresenta il giorno del mese con due cifre con zero iniziale (01 o 31)
- `D` rappresenta il giorno della settimana nel testo come abbreviazione (da lunedì a domenica)
- `m` rappresenta il mese in numeri con zero iniziale (01 o 12)
- `M` rappresenta il mese in forma testuale, abbreviato (da gennaio a dicembre)
- `Y` rappresenta l'anno in due cifre (08 o 21)
- `Y` rappresenta l'anno in quattro cifre (2008 o 2021)

Le parti della data possono essere separate inserendo altri caratteri, come trattini (-), punti (.), barre (/) o spazi per aggiungere ulteriore formattazione visiva.

```
<?php
echo date("d/m/Y") . "<br>";
echo date("d-m-Y") . "<br>";
echo date("d.m.Y");
```

```
// Risultato:
// 30/12/2020
// 30-12-2020
// 30.12.2020
?>
```

Allo stesso modo è possibile utilizzare i seguenti caratteri per formattare l'orario:

- `h` rappresenta l'orario in formato 12 ore con zero iniziale (da 01 a 12)
- `H` rappresenta l'orario nel formato 24 ore con zeri iniziali (da 00 a 23)
- `i` rappresenta i minuti con zeri iniziali (da 00 a 59)
- `s` rappresenta i secondi con zeri iniziali (da 00 a 59)
- `a` rappresenta ante meridiem e post meridiem in minuscolo (am o pm)
- `A` rappresenta ante meridiem e post meridiem in maiuscolo (AM o PM)

Il codice PHP nell'esempio seguente mostra la data in diversi formati:

```
<?php
echo date("h:i:s") . "<br>";
echo date("F d, Y h:i:s A") . "<br>";
echo date("h:i a");

// Risultato:
// 04:08:02
// December 30, 2020 04:08:02 PM
// 04:08 pm
?>
```

Time

La funzione `time()` viene utilizzata per ottenere l'orario corrente come timestamp Unix (ovvero il numero di secondi dall'inizio dell'epoca Unix: 1 gennaio 1970 00:00:00 GMT).

```
<?php
// Eseguito il 30 Dicembre, 2020
04:11:09
$timestamp = time();
echo($timestamp) .'<br>';

// Risultato: 1609344669

echo(date("F d, Y h:i:s", $timestamp));

// Risultato: December 30, 2020 04:11:09
?>
```

Come puoi vedere dall'esempio, possiamo convertire questo il timestamp ottenuto in una data leggibile dall'uomo passandolo alla funzione `date()` precedentemente introdotta.

Strtotime

Un’altra funzione molto interessante per ottenere dei timestamp è `strtotime` che “comprende il testo scritto in inglese” e ne recupera il timestamp indicato.

Ecco alcuni esempi per chiarire il concetto:

```
<?php
echo(strtotime("now") . "<br>");
echo(strtotime("3 October 2020") .
"<br>");
echo(strtotime("+5 hours") . "<br>");
echo(strtotime("+1 week") . "<br>");
echo(strtotime("+1 week 3 days 7 hours 5
seconds") . "<br>");
echo(strtotime("next Monday") . "<br>");
echo(strtotime("last Sunday"));

// Risultato: 1609344927
// Risultato: 1601683200
// Risultato: 1609362927
// Risultato: 1609949727
// Risultato: 1610234132
// Risultato: 1609718400
// Risultato: 1609027200
?>
```

Se l'anno è specificato in un formato a due cifre, i valori compresi tra 0 e 69 vengono mappati a 2000-2069 e i valori compresi tra 70 e 100 vengono mappati a 1970-2000.

Nota bene: presta attenzione alle date nei formati `m/d/y` o `d-m-y`; se il separatore è una barra (`/`), si assume il formato `m/d/y` americano. Se il separatore è un trattino (`-`) o un punto (`.`), viene utilizzato il formato `d-m-y` europeo. Per evitare potenziali errori, dovresti inserire date nel formato `AAAA-MM-GG` o usare la funzione `date_create_from_format()` quando possibile.

Capitolo 9: Lavorare con gli array

Un array è un tipo speciale di variabile che contiene più valori. Puoi pensare una variabile come una scatola che contiene un valore, un array può essere pensato come una scatola con scomparti in cui ogni scomparto è in grado di memorizzare un valore individuale. Il modo più semplice per creare un array in PHP è usando il comando `array`:

```
<?php
$mioArray = array('uno', 2, 'tre');
print_r($mioArray);

// Risultato: Array ( [0] => uno [1] =>
2 [2] => tre )

?>
```

Questo codice crea un array chiamato `$mioArray` che contiene tre valori: `"uno"`, `2` e "tre". Proprio come una normale variabile, ogni scomparto in un array può contenere qualsiasi tipo di valore. In questo caso, il primo e il terzo spazio contengono stringhe, mentre il secondo contiene un numero.

Per accedere ad un valore memorizzato in un array, è necessario conoscerne l'indice. In genere, gli array utilizzano numeri come indici per puntare ai valori che contengono, a partire da zero. Il primo valore (o elemento) di un array ha indice 0, il secondo ha indice 1, il terzo ha indice 2 e così via, pertanto, l'indice dell'n-esimo elemento di un array è n - 1. Una volta che conosci l'indice del valore che ti interessa, puoi recuperare quel valore inserendo quell'indice tra parentesi quadre dopo il nome della variabile dell'array:

```
<?php
$mioArray = array('uno', 2, 'tre');

echo $mioArray[0]; // restituisce 'uno'
echo $mioArray[1]; // restituisce '2'
```

```
echo $mioArray[2]; // restituisce 'tre'

?>
```

Ogni valore memorizzato in un array è chiamato “elemento” di quell'array. È possibile utilizzare un indice tra parentesi quadre per aggiungere nuovi elementi o assegnare nuovi valori agli elementi dell'array esistenti:

```
<?php
$mioArray = array('uno', 2, 'tre');

$mioArray[1] = 'due';  // assegno un
nuovo valore
$mioArray[3] = 4; // creo un nuovo
elemento

print_r($mioArray);

// Risultato: Array ( [0] => uno [1] =>
due [2] => tre [3] => 4 )

?>
```

Puoi anche aggiungere elementi alla fine di un array usando l'operatore di assegnazione (=) come al solito, ma lasciando vuote le parentesi quadre che seguono il nome della variabile:

```
<?php
$mioArray = array('uno', 2, 'tre');

$mioArray[1] = 'due'; // assegno un
nuovo valore
$mioArray[3] = 4;     // creo un nuovo
elemento

$mioArray[] = 'quinto elemento';
echo $mioArray[4];    // restituisce
'quinto elemento'

?>
```

Sebbene i numeri siano la scelta più comune per gli indici di una matrice, esiste un'altra possibilità. Puoi utilizzare le stringhe come indici per creare quello che viene chiamato un “array associativo”. Si chiama così perché associa dei valori a indici significativi. In questo esempio, associamo una data (sotto forma di stringa) a ciascuno dei tre nomi:

```
<?php
$compleanni['Antonio'] = '12-01-1980';
```

```
$compleanni['Lucia'] = '15-09-1982';
$compleanni['Marco'] = '01-10-1981';

print_r($compleanni);

// Risultato: Array ( [Antonio] => 12-
01-1980 [Lucia] => 15-09-1982 [Marco] =>
01-10-1981 )

?>
```

Funzionalità base

Con gli array abbiamo a disposizione diverse funzioni interessanti che non solo possono farci risparmiare tempo ma sono anche ottimizzate per funzionare in PHP. Se volessimo contare gli elementi contenuti in un array potremmo creare un ciclo e incrementare un contatore ma perché non usare la funzione `count`?

Riprendiamo l'esempio precedente:

```
<?php
$compleanni['Antonio'] = '12-01-1980';
$compleanni['Lucia'] = '15-09-1982';
$compleanni['Marco'] = '01-10-1981';

echo count($compleanni);

// Risultato: 3

?>
```

Questo metodo funziona sia con array associativi che con i classici array. Oltre all'array puoi passare, come secondo argomento, la modalità (0 di default o 1) per fare una ricerca ricorsiva all'interno di array multidimensionali.

Un altro scenario classico quando si lavora con gli array consiste nel verificare la presenza di un elemento nell'array, anche qui potresti creare un ciclo con una condizione da verificare ma perché non usare `in_array`?

```
<?php
$compleanni['Antonio'] = '12-01-1980';
$compleanni['Lucia'] = '15-09-1982';
$compleanni['Marco'] = '01-10-1981';

echo in_array('01-10-1981',
$compleanni); // Restituisce 1
echo in_array('01-10-1982',
$compleanni); // in_array restituisce
false quindi echo non stamperà nulla
echo in_array('Lucia', $compleanni); //
in_array restituisce false quindi echo
non stamperà nulla

?>
```

Nota bene che questo metodo cerca tra i valori e non tra le chiavi, pertanto, l'ultima riga restituisce `false`. Qualora volessi cercare la chiave associata ad un valore puoi usare il metodo `array_search` con tutti i tipi di array:

```
<?php
$compleanni['Antonio'] = '12-01-1980';
$compleanni['Lucia'] = '15-09-1982';
$compleanni['Marco'] = '01-10-1981';

echo array_search('01-10-1981',
$compleanni); // Restituisce Marco

?>
```

Quante volte ti capita di dover unire, dividere gli array? Supponiamo di voler aggiungere altri compleanni a questo array già definito:

```
<?php
$compleanni['Antonio'] = '12-01-1980';
$compleanni['Lucia'] = '15-09-1982';
$compleanni['Marco'] = '01-10-1981';

$compleanni2['Giuseppe'] = '01-01-2000';
$compleanni2['Donato'] = '15-07-2000';
print_r(array_merge($compleanni,
$compleanni2));
```

```
// Risultato: Array ( [Antonio] => 12-
01-1980 [Lucia] => 15-09-1982 [Marco] =>
01-10-1981 [Giuseppe] => 01-01-2000
[Donato] => 15-07-2000 )
?>
```

La funzione `array_merge()` unisce uno o più array in un unico array. Puoi assegnare un solo array alla funzione o quanti ne desideri. Tuttavia, se due o più elementi dell'array hanno la stessa chiave, l'ultimo sostituisce i precedenti. Per non perdere questo valore si può usare `array_merge_recursive()` che al posto di sovrascrivere le chiavi, rende il valore un array, evitando la perdita di dati.

Se volessimo recuperare solo parte di un array possiamo affidarci al metodo `array_slice()`:

```
<?php
$compleanni['Antonio'] = '12-01-1980';
$compleanni['Lucia'] = '15-09-1982';
$compleanni['Marco'] = '01-10-1981';
```

```
print_r(array_slice($compleanni,1));

// Risultato: Array ( [Lucia] => 15-09-
1982 [Marco] => 01-10-1981 )

?>
```

Il primo argomento della funzione è l'array da cui recuperare i dati, il secondo è un valore numerico che indica l'elemento da cui si vuole iniziare a recuperare, il terzo argomento (facoltativo) specifica la lunghezza dell'array da restituire ovvero quanti elementi restituire.

Ordinare gli array

Immaginiamo di avere un array associativo con l'età dei dipendenti. Vogliamo ordinare questo array in base all'età in modo da vedere chi andrà in pensione quest'anno. La funzione `asort()` ordina un array associativo in ordine crescente, in base al valore. Si può utilizzare la funzione `arsort()` per ordinare un array associativo in ordine decrescente, in base al valore.

```
<?php
$eta=array("Antonio"=>"35","Filippo"=>"4
8","Michele"=>"21","Giorgia"=>"43",
"Giuseppe"=>"68");

asort($eta);
print_r($eta);
echo '<br><br>';

// Risultato: Array ( [Michele] => 21
[Antonio] => 35 [Giorgia] => 43
[Filippo] => 48 [Giuseppe] => 68 )

arsort($eta);
print_r($eta);
```

```
// Risultato: Array ( [Giuseppe] => 68
[Filippo] => 48 [Giorgia] => 43
[Antonio] => 35 [Michele] => 21 )
?>
```

La funzione `rsort()`, invece, ordina un array indicizzato in ordine decrescente. Puoi utilizzare la funzione `sort()` per ordinare un array indicizzato in ordine crescente.

```
<?php
$nomi=array("Antonio", "Filippo",
"Michele", "Giorgia", "Giuseppe");

sort($nomi);
print_r($nomi);
echo '<br><br>';

// Risultato: Array ( [0] => Antonio [1]
=> Filippo [2] => Giorgia [3] =>
Giuseppe [4] => Michele )

rsort($nomi);
print_r($nomi);

// Risultato: Array ( [0] => Michele [1]
=> Giuseppe [2] => Giorgia [3] =>
Filippo [4] => Antonio )
?>
```

Capitolo 10: PHP e MySQL

Ecco cosa abbiamo adesso: due potenti strumenti a nostra disposizione. Da una parte il linguaggio di scripting PHP e dall'altra il motore di database MySQL, è importante capire come questi si incastreranno. L'intera idea di un sito Web basato su database è quella di consentire al contenuto del sito di risiedere in un database, in modo che il contenuto possa essere estratto dinamicamente dal database per creare pagine Web da visualizzare su un normale browser.

Ad un'estremità del sistema hai un visitatore del tuo sito che utilizza un browser web per richiedere una pagina, quel browser si aspetta di ricevere in cambio un documento HTML standard. All'altra estremità hai il contenuto del tuo sito, che si trova in una o più tabelle in un database MySQL che sa soltanto come rispondere alle query SQL (comandi).

Il linguaggio di scripting PHP è il tramite che parla entrambe le lingue, esso elabora la richiesta della pagina e recupera i dati dal database MySQL (utilizzando query SQL). In questo modo genera dinamicamente la pagina HTML ben formattata che il browser si aspetta.

Questo è ciò che accade quando c'è un visitatore di una pagina sul tuo sito web basato su database:

1. Il browser web del visitatore richiede la pagina web dal tuo server web.
2. Il software del server web (tipicamente Apache) riconosce che il file richiesto è uno script PHP, quindi il server attiva

l'interprete PHP per eseguire il codice contenuto nel file.

3. Alcuni comandi PHP (che saranno al centro di questo capitolo) si connettono al database MySQL e richiedono il contenuto che appartiene alla pagina web.
4. Il database MySQL risponde inviando il contenuto richiesto allo script PHP.
5. Lo script PHP memorizza il contenuto in una o più variabili PHP, quindi utilizza le istruzioni `echo` per generare il contenuto come parte della pagina web.
6. L'interprete PHP termina consegnando una copia dell'HTML che ha creato al server web.
7. Il server web invia l'HTML al browser web come se fosse un semplice file HTML, tranne per il fatto che invece di provenire direttamente da un file

HTML, la pagina è l'output fornito dall'interprete PHP. Il browser, tuttavia, non ha modo di saperlo e dal suo punto di vista, richiede e riceve una pagina web come le altre.

Affinché PHP possa connettersi al server del database MySQL, dovrà utilizzare un nome utente e una password. In fase di sviluppo il tuo DB potrebbe avere solo dei dati fittizi, ma ben presto potrebbe contenere informazioni sensibili come indirizzi e-mail e altri dettagli privati sugli utenti del tuo sito web.

Per questo motivo, MySQL è progettato per essere molto sicuro, può offrire un controllo su quali connessioni accettare e cosa queste connessioni possono fare. Di solito, viene impostata la password per l'utente `root` del server di database MySQL. In questo caso, potresti usare quel nome utente e la password per connettere i tuoi script PHP al tuo server MySQL, ma in realtà non dovresti.

L'utente `root` si riferisce ad un account di amministrazione; se la password di quell'account cadesse nelle mani sbagliate, un utente malintenzionato potrebbe causare gravi danni. Nella maggior parte dei casi, ci saranno altri livelli di sicurezza che impediscono che ciò accada (ad esempio, un firewall che impedisce le connessioni al database dall'esterno della rete del tuo host web), ma è meglio prevenire che curare.

In questo caso dovresti creare un nuovo account con solo i privilegi specifici di cui ha bisogno per funzionare sul database da cui dipende il tuo sito web.

Mysqli

Per archiviare o accedere ai dati all'interno di un database MySQL, è prima necessario connettersi al server del database MySQL. PHP offre due diversi modi per connettersi al server MySQL: estensioni MySQLi (Improved MySQL) e PDO (PHP Data Objects).

Mentre l'estensione PDO è più portabile e supporta più di dodici database diversi, l'estensione MySQLi come suggerisce il nome supporta solo database MySQL. Quest'ultima fornisce tuttavia un modo più semplice per connettersi ed eseguire query su un server di database MySQL. Sia PDO che MySQLi offrono un'API orientata agli oggetti, ma MySQLi offre anche un'API procedurale che è molto facile da capire per i principianti ed è questa che andremo ad utilizzare.

Apertura e chiusura della connessione

In PHP puoi collegarti facilmente usando la funzione `mysqli_connect()`, infatti tutte le comunicazioni tra PHP e il server di database MySQL avvengono tramite questa connessione. Ecco le sintassi di base per la connessione a MySQL utilizzando le estensioni MySQLi, il primo esempio si riferisce alla modalità procedurale, il secondo a quella orientata agli oggetti:

```
<?php
/* Tentativo di connessione al server
MySQL. Supponendo che tu stia
 eseguendo il server MySQL con
l'impostazione predefinita (utente
'root' senza password) */
$link = mysqli_connect("localhost",
"root", "");

// Controllo la connessione
if($link === false){
```

```
    die("ERRORE: Impossibile
connettersi. " .mysqli_connect_error());
}

// Stampa alcune informazioni
echo "Connesso con successo.
Informazioni
host:".mysqli_get_host_info($link);
?>

<?php
/* Tentativo di connessione al server
MySQL. Supponendo che tu stia
 eseguendo il server MySQL con
l'impostazione predefinita (utente
'root' senza password) */
$mysqli = new mysqli("localhost",
"root", "", "demo");


// Controllo la connessione
if($mysqli === false){
    die("ERRORE: Impossibile
connettersi. " . mysqli->connect_error);
}

// Stampa alcune informazioni
echo "Connesso con successo.
Informazioni host:". $mysqli->host_info;
?>
```

Il primo parametro nella sintassi specifica il nome host (ad esempio `localhost`) o l'indirizzo IP del server MySQL, mentre i parametri nome utente e password specificano le credenziali per accedere al server MySQL e l'ultimo parametro, se fornito, specificherà il database predefinito MySQL da utilizzare durante l'esecuzione di query.

La connessione al server del database MySQL verrà chiusa automaticamente non appena termina l'esecuzione dello script. Tuttavia, se hai necessità di chiuderla prima, puoi farlo semplicemente chiamando la funzione PHP `mysqli_close()`, come prima, il primo esempio si riferisce alla modalità procedurale, il secondo a quella orientata agli oggetti:

```
<?php
/* Tentativo di connessione al server
MySQL. Supponendo che tu stia
 eseguendo il server MySQL con
l'impostazione predefinita (utente
'root' senza password) */
$link = mysqli_connect("localhost",
"root", "");
```

```
// Controllo la connessione
if($link === false){
    die("ERRORE: Impossibile
connettersi. " .
mysqli_connect_error());
}

// Stampa alcune informazioni
echo "Connesso con successo.
Informazioni host:" .
mysqli_get_host_info($link);

// Chiudo la connessione
mysqli_close($link);
?>

<?php
/* Tentativo di connessione al server
MySQL. Supponendo che tu stia
 eseguendo il server MySQL con
l'impostazione predefinita (utente
'root' senza password) */
$mysqli = new mysqli("localhost",
"root", "", "demo");


// Controllo la connessione
if($mysqli === false){
    die("ERRORE: Impossibile
connettersi. " . mysqli->connect_error);
}

// Stampa alcune informazioni
echo "Connesso con successo.
Informazioni host:" . $mysqli-
>host_info;

// Chiudo la connessione
```

```
$mysqli->close();
?>
```

Come eseguire le query SQL

L'istruzione `INSERT INTO` viene utilizzata per inserire nuove righe in una tabella del database. Prepariamo una query SQL utilizzando l'istruzione `INSERT INTO` con i valori appropriati, dopodiché eseguiremo questa query di inserimento passandola alla funzione PHP `mysqli_query()` per inserire i dati nella tabella. Ecco un esempio, che inserisce una nuova riga nella tabella `persone` specificando i valori per i campi nome, cognome ed e-mail.

Assumiamo che questa tabella abbia un campo `id` contrassegnato con il flag `AUTO_INCREMENT`. Questo modificatore dice a MySQL di assegnare automaticamente un valore a questo campo se non viene specificato, incrementando il valore precedente di 1 unità.

Ecco un esempio in modalità procedurale e uno in modalità OOP:

```
<?php
/* Tentativo di connessione al server
MySQL. Supponendo che tu stia
 eseguendo il server MySQL con
l'impostazione predefinita (utente
'root' senza password) */
$link = mysqli_connect("localhost",
"root", "");


// Controllo la connessione
if($link === false){
    die("ERRORE: Impossibile
connettersi. " .
mysqli_connect_error());
}

// Provo ad inserire una riga
$sql = "INSERT INTO persone (nome,
cognome, email) VALUES ('Antonio',
'Rossi', 'antonio@rossi.it')";
if(mysqli_query($link, $sql)){
    echo "Record aggiunto con
successo.";
} else{
    echo "ERRORE: Impossibile eseguire
$sql. " . mysqli_error($link);
}

// Chiudo la connessione
mysqli_close($link);
?>
```

```
<?php
/* Tentativo di connessione al server
MySQL. Supponendo che tu stia
 eseguendo il server MySQL con
l'impostazione predefinita (utente
'root' senza password) */
$mysqli = new mysqli("localhost",
"root", "", "demo");


// Controllo la connessione
if($mysqli === false){
    die("ERRORE: Impossibile
connettersi. " . mysqli->connect_error);
}

// Provo ad inserire una riga
$sql = "INSERT INTO persone (nome,
cognome, email) VALUES ('Antonio',
'Rossi', 'antonio@rossi.it')";
if($mysqli->query($sql) === true){
    echo "Record aggiunto con
successo.";
} else{
    echo "ERRORE: Impossibile eseguire
$sql. " . $mysqli->error;
}

// Chiudo la connessione
$mysqli->close();
?>
```

Se tutto è andato a buon fine è possibile trovare la corrispondente riga attraverso phpMyAdmin all’interno del database `demo` nella tabella `persone`. Se si tratta della prima riga nella tabella essa avrà `id` pari a 1.

Con la stessa facilità è possibile aggiornare o cancellare delle righe da una tabella. Utilizzeremo l'istruzione `UPDATE` per cambiare o modificare i record esistenti in una tabella del database. Questa istruzione viene generalmente utilizzata in combinazione con la clausola `WHERE` per applicare le modifiche solo a quei record che corrispondono a dei criteri specifici. La sintassi di base dell'istruzione `UPDATE` può essere fornita è la seguente:

```
UPDATE nome_tabella SET colonna1 = valore, colonna2 = valore2, ... WHERE nome_colonna = valore
```

Prepariamo una query SQL usando l'istruzione `UPDATE` e la clausola `WHERE`, dopodiché eseguiremo questa query passandola alla funzione `mysqli_query()` di PHP per aggiornare i record delle tabelle. Andiamo ad aggiornare l'indirizzo e-mail dell'utente aggiunto in precedenza:

```
<?php
/* Tentativo di connessione al server
MySQL. Supponendo che tu stia
 eseguendo il server MySQL con
l'impostazione predefinita (utente
'root' senza password) */
$link = mysqli_connect("localhost",
"root", "");


// Controllo la connessione
if($link === false){
    die("ERRORE: Impossibile
connettersi. " .
mysqli_connect_error());
}

// Provo ad eseguire un aggiornamento
$sql = "UPDATE persone SET
email='antoniorossi@mail.it' WHERE
id=1";
if(mysqli_query($link, $sql)){
    echo "Record aggiunto con
successo.";
} else{
    echo "ERRORE: Impossibile eseguire
$sql. " . mysqli_error($link);
}
```

```
// Chiudo la connessione
mysqli_close($link);
?>

<?php
/* Tentativo di connessione al server
MySQL. Supponendo che tu stia
 eseguendo il server MySQL con
l'impostazione predefinita (utente
'root' senza password) */
$mysqli = new mysqli("localhost",
"root", "", "demo");


// Controllo la connessione
if($mysqli === false){
    die("ERRORE: Impossibile
connettersi. " . mysqli->connect_error);
}

// Provo ad eseguire un aggiornamento
$sql = "UPDATE persone SET
email='antoniorossi@mail.it' WHERE
id=1";
if($mysqli->query($sql) === true){
    echo "Record aggiunto con
successo.";
} else{
    echo "ERRORE: Impossibile eseguire
$sql. " . $mysqli->error;
}

// Chiudo la connessione
$mysqli->close();
?>
```

Proprio come inserisci i record nelle tabelle, puoi eliminare i record da una tabella utilizzando l'istruzione SQL `DELETE`. Viene tipicamente utilizzata in combinazione con la clausola `WHERE` per eliminare solo i record che corrispondono a criteri o condizioni specifici.

La sintassi di base dell'istruzione DELETE può essere fornita con:

```
DELETE FROM nome_tabella WHERE nome_colonna = valore
```

Prepariamo una query SQL utilizzando l'istruzione `DELETE` e la clausola `WHERE`, dopodiché eseguiremo questa query passandola alla funzione PHP `mysqli_query()` per eliminare i record delle tabelle.

```
<?php
/* Tentativo di connessione al server MySQL. Supponendo che tu stia
```

```
 eseguendo il server MySQL con
l'impostazione predefinita (utente
'root' senza password) */
$link = mysqli_connect("localhost",
"root", "");

// Controllo la connessione
if($link === false){
    die("ERRORE: Impossibile
connettersi. " .
mysqli_connect_error());
}

// Provo a cancellare tutte le persone
che hanno nome Antonio
$sql = "DELETE FROM persone WHERE
nome='Antonio'";
if(mysqli_query($link, $sql)){
    echo "Record aggiunto con
successo.";
} else{
    echo "ERRORE: Impossibile eseguire
$sql. " . mysqli_error($link);
}

// Chiudo la connessione
mysqli_close($link);
?>

<?php
/* Tentativo di connessione al server
MySQL. Supponendo che tu stia
 eseguendo il server MySQL con
l'impostazione predefinita (utente
'root' senza password) */
$mysqli = new mysqli("localhost",
"root", "", "demo");
```

```
// Controllo la connessione
if($mysqli === false){
    die("ERRORE: Impossibile
connettersi. " . mysqli->connect_error);
}

// Provo a cancellare tutte le persone
che hanno nome Antonio
$sql = "DELETE FROM persone WHERE
nome='Antonio'";
if($mysqli->query($sql) === true){
    echo "Record aggiunto con
successo.";
} else{
    echo "ERRORE: Impossibile eseguire
$sql. " . $mysqli->error;
}

// Chiudo la connessione
$mysqli->close();
?>
```

Il fetching dei risultati

Finora hai imparato a creare database e tabelle, nonché ad inserire i dati. Ora è il momento di recuperare i dati che hai inserito precedentemente grazie a PHP. L'istruzione SQL `SELECT` viene utilizzata per selezionare i record dalle tabelle del database. La sua sintassi di base è la seguente:

```
SELECT nome_colonna1, nome_colonna2, nome_colonna FROM nome_tabella;
```

Prepariamo una query SQL utilizzando l'istruzione SELECT, dopodiché eseguiremo questa query SQL passandola alla solita funzione `mysqli_query()` di PHP per recuperare i dati della tabella.

```
<?php
/* Tentativo di connessione al server
MySQL. Supponendo che tu stia
```

```
 eseguendo il server MySQL con
l'impostazione predefinita (utente
'root' senza password) */
$link = mysqli_connect("localhost",
"root", "");


// Controllo la connessione
if($link === false){
    die("ERRORE: Impossibile
connettersi. " .
mysqli_connect_error());
}

// Provo a recuperare i dati
$sql = "SELECT * FROM persone";
if($risultato = mysqli_query($link,
$sql)){
    if(mysqli_num_rows($risultato) > 0){
        echo "<table>";
            echo "<tr>";
                echo "<th>id</th>";
                echo "<th>nome</th>";
                echo "<th>cognome</th>";
                echo "<th>e-mail</th>";
            echo "</tr>";
        while($row =
mysqli_fetch_array($risultato)){
            echo "<tr>";
                echo "<td>" . $row['id']
. "</td>";
                echo "<td>" .
$row['nome'] . "</td>";
                echo "<td>" .
$row['cognome'] . "</td>";
                echo "<td>" . $row['e-
mail'] . "</td>";
            echo "</tr>";
```

```
        }
        echo "</table>";

        // Libero un po' di memoria

mysqli_free_risultato($risultato);
    } else{
        echo "Non sono stati trovati
record corrispondenti alla tua query.";
    }
} else{
    echo "ERRORE: Impossibile eseguire
$sql. " . mysqli_error($link);
}

// Chiudo la connessione
mysqli_close($link);
?>

<?php
/* Tentativo di connessione al server
MySQL. Supponendo che tu stia
 eseguendo il server MySQL con
l'impostazione predefinita (utente
'root' senza password) */
$mysqli = new mysqli("localhost",
"root", "", "demo");


// Controllo la connessione
if($mysqli === false){
    die("ERRORE: Impossibile
connettersi. " . mysqli->connect_error);
}

// Provo a recuperare i dati
$sql = "SELECT * FROM persone";
if($risultato = $mysqli->query($sql)){
```

```
    if($risultato->num_rows > 0){
        echo "<table>";
            echo "<tr>";
                echo "<th>id</th>";
                echo "<th>nome</th>";
                echo "<th>cognome</th>";
                echo "<th>e-mail</th>";
            echo "</tr>";
        while($row = $risultato-
>fetch_array()){
            echo "<tr>";
                echo "<td>" . $row['id']
. "</td>";
                echo "<td>" .
$row['nome'] . "</td>";
                echo "<td>" .
$row['cognome'] . "</td>";
                echo "<td>" . $row['e-
mail'] . "</td>";
            echo "</tr>";
        }
        echo "</table>";

        // Libero un po' di memoria
        $risultato->free();
    } else{
        echo "Non sono stati trovati
record corrispondenti alla tua query.";
    }
} else{
    echo "ERRORE: Impossibile eseguire
$sql. " . $mysqli->error;
}

// Chiudo la connessione
$mysqli->close();
?>
```

Proprio come faresti in SQL, puoi aggiungere le condizioni `WHERE` per far in modo che i record restituiti rispettino delle condizioni. In questo caso avresti qualcosa simile a:

```
<?php
$sql = "SELECT * FROM persone WHERE nome
= 'Antonio'";
?>
```

Per limitare il numero di righe restituite dall'istruzione `SELECT` viene utilizzata la clausola `LIMIT`. Questa funzione è molto utile per ottimizzare il tempo di caricamento della pagina e per migliorare la leggibilità di un sito web. Ad esempio, è possibile dividere il gran numero di record in più pagine utilizzando l'impaginazione, in questo modo, solo un numero limitato di record verrà caricato su ogni pagina dal database quando un utente richiede quella pagina facendo clic sul link dell'impaginazione.

La sintassi di base della clausola `LIMIT` è la seguente:

```
SELECT nome_colonna / e FROM nome_tabella
LIMIT row_offset, row_count;
```

La clausola `LIMIT` accetta uno o due parametri che devono essere un numero intero non negativo. Quando vengono specificati due parametri, il primo parametro specifica l'offset della prima riga da restituire, ovvero il punto iniziale mentre il secondo parametro specifica il numero di righe da restituire. L'offset della prima riga è 0 (e non 1, come si potrebbe pensare).

Quando viene fornito un solo parametro, viene specificato il numero massimo di righe da restituire dall'inizio del set di risultati, ad esempio, per recuperare le prime tre righe, puoi utilizzare la seguente query:

```
SELECT * FROM persone LIMIT 3;
```

Per recuperare le righe 2-4 (incluse) di un set di risultati, puoi utilizzare la seguente query:

```
SELECT * FROM persone LIMIT 1, 3;
```

Prepariamo una query SQL utilizzando la clausola `LIMIT` nell'istruzione `SELECT`, dopodiché eseguiremo questa query passandola alla funzione `mysqli_query()` di PHP per ottenere il numero limitato di record.

```
<?php
$sql = "SELECT * FROM persone LIMIT 3";
?>
```

Infine, ma non meno importante, troviamo la possibilità di far restituire valori già ordinati da MySQL, evitando l'ordinamento con PHP in un secondo momento. La clausola ORDER BY può essere utilizzata insieme all'istruzione SELECT per visualizzare i dati di una tabella ordinati in base a un campo specifico. La clausola ORDER BY consente di definire il nome del campo in base al quale eseguire l'ordinamento ed il verso dell'ordinamento (ascendente o discendente).

La sintassi di base di questa clausola può essere fornita con:

```
SELECT nome/i colonna/e FROM nome_tabella
ORDER BY nome/i colonna/e ASC | DESC
```

Prepariamo una query SQL utilizzando la clausola ORDER BY nell'istruzione SELECT, dopodiché eseguiremo questa query passandola alla funzione mysqli_query() di PHP per ottenere i dati ordinati:

```
<?php
$sql = "SELECT * FROM persone ORDER BY
nome";
```

```
?>
```

In questo capitolo abbiamo visto come utilizzare MySQL in combinazione con PHP per gestire un database e per creare pagine dinamiche con PHP. Nel prossimo capitolo approfondiremo il legame tra PHP e HTML in modo più approfondito, dato che se sei giunto fin qui, hai già un po' di esperienza con le pagine web e con le istruzioni `echo`, `print` e `print_r`.

Capitolo 11: PHP e HTML

Prima di buttarti a capofitto nella realizzazione del tuo progetto con PHP, voglio mostrarti alcune tecniche per strutturare meglio il tuo codice. Le tecniche di codifica strutturata sono utili in tutti i progetti PHP tranne che nei più semplici.

Probabilmente hai già pensato come suddividere il tuo codice PHP in più file: magari con un controller e una serie di modelli associati. Ciò consente di mantenere la logica lato server del sito separata dal codice HTML utilizzato per visualizzare il contenuto dinamico generato da tale logica. Per fare ciò, hai imparato a usare il comando PHP `include`.

Il linguaggio PHP offre molti di questi servizi per aiutarti a creare una struttura per il tuo codice. Il più potente di questi è senza dubbio il suo supporto per la programmazione orientata agli oggetti (OOP) ma non c'è bisogno di apprendere tutte le complessità dell'OOP per costruire applicazioni complesse (e ben strutturate) con PHP.

Per fortuna, ci sono anche opportunità per strutturare il tuo codice attraverso le caratteristiche più basilari di PHP. In questo capitolo, esplorerò alcuni semplici modi per mantenere il tuo codice gestibile e facile da modificare, in modo da evitare la ridondanza.

Anche siti Web molto semplici e basati su PHP richiedono spesso la stessa parte di codice in più punti. Hai già imparato a usare il comando PHP `include` per caricare un modello PHP dall'interno del tuo controller; si scopre che puoi usare la stessa funzione per evitare di dover scrivere lo stesso codice più e più volte.

I file di inclusione (noti anche come `include`) contengono frammenti di codice PHP che puoi quindi caricare negli altri script PHP invece di doverli riscrivere. Il concetto di file `include` è arrivato molto prima di PHP.

Se sei un programmatore esperto potresti aver sperimentato con Server-side Include (SSI). Una caratteristica di quasi tutti i server web in circolazione, le SSI ti consentono di inserire frammenti di HTML (e JavaScript e CSS) di uso comune in file di inclusione che puoi quindi utilizzare in più pagine.

In PHP, i file di inclusione più comunemente contengono codice PHP puro o, nel caso di modelli PHP, una combinazione di codice HTML e PHP ma attenzione, non devi inserire il codice PHP nei tuoi file `include`.

Se lo desideri, un file `include` può contenere HTML strettamente statico. Ciò è particolarmente utile per condividere elementi di design comuni nel tuo sito, come il copyright da visualizzare in fondo a ogni pagina:

```
<div id="footer">
 I contenuti di questa pagina web sono
protetti da copyright 2020 Pippo Inc.
Tutti i diritti sono riservati.
</div>
```

Questo file è un frammento di modello, un file di inclusione che deve essere utilizzato dai modelli PHP. Per distinguere questo tipo di file dagli altri nel tuo progetto, ti consiglio di dargli un nome che finisca con `.inc.html.php`.

Puoi utilizzare questo frammento in uno qualsiasi dei tuoi modelli PHP:

```
<!DOCTYPE html>
<html lang="it">
 <head>
 <meta charset="utf-8">
 <title>Pagina di esempio</title>
 </head>
 <body>
 <p id="main">
```

```
 Questa pagina utilizza un'inclusione
statica per visualizzare di seguito il
copyright standard.
 </p>
<?php include 'footer.inc.html.php'; ?>
 </body>
</html>
```

Infine, ecco il controller che carica questo modello:

```
<?php
include 'paginaesempio.html.php';
?>
```

Ora tutto ciò che devi fare per aggiornare il tuo copyright è modificare `footer.inc.html.php`. Dimentica l'operazione "trova e sostituisci" che richiede molto tempo ed è soggetta ad errori! Ovviamente, se vuoi puoi davvero semplificarti la vita, lasciando che PHP faccia il lavoro per te:

```
<div id="footer">
 I contenuti di questa pagina web sono
protetti da copyright <?php echo
```

```
date('Y'); ?> Pippo Inc. Tutti i diritti
sono riservati.
</div>
```

Ora hai a disposizione una conoscenza pratica della sintassi di base del linguaggio di programmazione PHP. Sai che puoi prendere qualsiasi pagina web HTML, rinominarla con un'estensione del nome di file `.php` e inserire codice PHP in essa per generare il contenuto della pagina al volo. Non male vero?

Prima di andare oltre, tuttavia, voglio fermarmi e fare un'osservazione critica sugli esempi che abbiamo discusso finora. Supponendo che il tuo obiettivo sia creare siti Web collegati ad un database che soddisfino gli standard professionali, ci sono alcune imperfezioni da rimuovere. Tutto questo ti garantirà un sito più sicuro e un'alta qualità del tuo software.

Gli esempi che abbiamo visto finora contenevano un misto di semplici file HTML (con nomi che finiscono in `.html`) e file che contengono un misto di HTML e PHP (con nomi che finiscono in `.php`). Sebbene questa distinzione tra i tipi di file possa essere utile a te sviluppatore, non c'è motivo per i tuoi utenti di sapere quali pagine del sito si basano sul codice PHP per generarli.

Inoltre, sebbene PHP sia una scelta tecnologica molto solida per creare quasi tutti i siti Web collegati ad un database, potrebbe arrivare il giorno in cui si desidera passare da PHP a qualche nuova tecnologia.

Quando vuoi davvero che tutti gli URL delle pagine dinamiche del tuo sito diventino dei “broken link” passando ad un nuovo linguaggio di programmazione?

In questi giorni, gli sviluppatori professionisti danno molta importanza agli URL che pubblicano nel Web. Un modo semplice per eliminare le estensioni dei nomi di file negli URL è sfruttare gli indici di directory. Quando un URL punta a una directory sul tuo server web, invece di un particolare file, il server web cercherà un file denominato `index.html` o `index.php` all'interno di quella directory e visualizzerà quel file in risposta alla richiesta.

Ad esempio, prendiamo una pagina `dataOdierna.php`. Puoi rinominarla da `dataOdierna.php` ad `index.php` quindi, invece di lasciarlo nella radice del tuo server web, crea una sottodirectory denominata `data` e posiziona lì il file `index.php`.

Ora, carica `http://localhost/data/` nel tuo browser (o `http://localhost:8888/data/` o simile se devi specificare un numero di porta per il tuo server).

Questo URL omette l'estensione `.php` che è necessaria, è più breve e più facile da ricordare: qualità fondamentali per gli URL di oggi.

Come stampare le variabili in HTML

Approfondiamo ora come "inserire" in un elemento HTML delle variabili PHP di cui disponi. Esistono diversi modi:

- Usando i delimitatori per intrecciare PHP e HTML
- Utilizzando il tag breve PHP
- Usando `echo` di un'intera stringa HTML
- Eseguendo una stampa formattata

Analizziamo questi metodi singolarmente e con qualche esempio per approfondimento.

Sappiamo che è possibile avviare uno script PHP con `<?php` e chiuderlo con `?>`. Questo è il primo metodo e ci basterà utilizzare `echo`, `print` o `print_r` per visualizzare le variabili.

```
<?php
// Variabili
$p1 = "prova1";
$p2 = "prova2";
?>

<!-- (B) Stampo le variabili -->
<p><?php echo $p1; ?></p>
<p><?php echo $p2; ?></p>
```

Può essere noioso dover passare da PHP a HTML usando sempre il delimitatore, quindi è possibile usare una "scorciatoia" `<?=$variabile?>` per visualizzare una singola variabile.

```
<?php
$frutti = ["Apple", "Beet", "Cherry"];
?>

<!-- Combino l'uso del delimitatore con
lo short tag -->
<ul>
  <?php foreach ($frutti as $frutto) {
?>
  <li><?=$frutto?></li>
  <?php } ?>
</ul>
```

Il terzo metodo è auto-esplicativo ed è utile quando hai più variabili da stampare. Il modo più intelligente è semplicemente consiste nello stampare l'intera stringa di HTML con `echo`.

```
<?php
// echo di una stringa HTML
$p1 = "prova1";
$p2 = "prova2";
echo "<p>$p1 $p2</p>";

// Dichiaro un array
$persona = [
  "nome_completo" => "Antonio Rossi",
  "email" => "antonio@rossi.it"
];

// Questo non funziona
// echo "<p>$persona['nome_completo'] -
$persona['email']</p>";

// Sono necessarie le parentesi graffe
echo "<p>{$persona['nome_completo']} -
{$persona['email']}</p>";
```

A prima vista, la funzione `printf()` può sembrare solo un modo indiretto e confuso di eseguire `echo`. In realtà ci sono molti modi per formattare la stringa a tuo piacimento: padding con numeri, lettere, limitare le cifre decimali, allineamento e molto altro. Puoi trovare tutte le opzioni sul manuale PHP, ecco un esempio:

```
<?php
// Dichiaro un array
$persona = [
  "nome_completo" => "Antonio Rossi",
  "email" => "antonio@rossi.it"
];

// Stampa formattata
foreach ($persona as $k=>$v) {
  printf("<div><strong>%s:</strong>
%s</div>", $k, $v);
}

// Risultato: nome_completo: Antonio
Rossi
//             email: antonio@rossi.it

$val = 123.45678;
printf("<p>Arrotondamento a due cifre
decimali %0.2f</p>", $val);

// Risultato: Arrotondamento a due cifre
decimali 123.46

$val = 0.432;
printf("<p>Padding a cinque zeri, due
cifre decimali %08.2f</p>", $val);
```

```
// Risultato: Padding a cinque zeri, due
cifre decimali 00000.43

$val = "123";
printf("<p>Padding con il punto
%'.10d</p>", $val);

// Risultato: Padding con il punto
.......123

?>
```

Cicli PHP in HTML

Nei semplici esempi che abbiamo visto finora, l'inserimento di codice PHP direttamente nelle tue pagine HTML è stato un approccio piuttosto semplice. Man mano che la quantità di codice PHP necessaria per generare la tua pagina cresce, tuttavia, mantenere questa miscela di codice HTML e PHP può diventare ingestibile. Soprattutto se lavori in un team di web designer non così esperti, avere grandi blocchi di codice PHP mescolati con l'HTML è una ricetta per il disastro. È fin troppo facile per i progettisti modificare accidentalmente il codice PHP, causando errori che non saranno in grado di correggere.

Un approccio molto più robusto consiste nel separare la maggior parte del codice PHP in modo che risieda nel proprio file, lasciando l'HTML in gran parte non contaminato dal codice PHP. La chiave per farlo è l'istruzione `include` di PHP.

Con un'istruzione `include`, puoi inserire il contenuto di un altro file nel tuo codice PHP nel punto dell'istruzione. Per mostrarti come funziona, ricostruiamo l'esempio di ciclo per "contare fino a dieci". Iniziamo creando una nuova directory chiamata `conta10` e crea un file chiamato `index.php` in questa directory.

Apri il file e digita questo codice:

```
<?php
$output = '';
for ($contatore = 1; $contatore <= 10;
++$contatore)
{
 $output .= "$contatore ";
}
include 'contatore.html.php';
```

Questo è il codice completo per questo file e non contiene alcun codice HTML. Il ciclo `for` dovrebbe esserti familiare ormai. Questo script aggiungerà questi numeri a una variabile chiamata `$output`.

All'inizio di questo script, impostiamo questa variabile in modo che contenga una stringa vuota. Questa riga aggiunge ogni numero (seguito da uno spazio) alla fine della variabile `$output`. L'operatore (`.=`) che vedi qui è un modo abbreviato per aggiungere un valore alla fine di una variabile stringa esistente, combinando gli operatori di assegnazione e concatenazione di stringhe in uno solo.

L'istruzione `include`, indica a PHP di eseguire il contenuto del file `contatore.html.php`. Potresti aver notato che il file non termina con un `?>` corrispondente all'apertura `<?php`.

Puoi inserirlo se lo desideri ma non è necessario, se un file PHP termina con del codice PHP, non è necessario indicare dove finisce il codice: la fine del file indica la fine del codice.

Ecco come si presenterebbe il codice HTML:

```
<!DOCTYPE html>
<html lang="it">
 <head>
 <meta charset="utf-8">
 <title>Contatore</title>
 </head>
 <body>
 <p>
 <?php echo $output; ?>
 </p>
 </body>
</html>
```

Questo file è quasi interamente HTML, ad eccezione dell'unica riga che restituisce il valore della variabile `$output`. Questa è la stessa variabile `$output` creata dal file `index.php`.

Quello che abbiamo creato qui è un modello PHP: una pagina HTML con frammenti molto piccoli di codice PHP che inseriscono valori generati dinamicamente in una pagina HTML che altrimenti sarebbe stata statica. Piuttosto che incorporare il complesso codice PHP che genera quei valori nella pagina, mettiamo il codice per generare i valori in uno script PHP separato, `index.php` in questo caso.

L'utilizzo di modelli PHP come questo ti consente di consegnare i tuoi modelli ai designer HTML senza preoccuparti di cosa potrebbero fare al tuo codice PHP. Questo ti consente di concentrarti sul tuo codice PHP senza essere distratto dal codice HTML circostante.

Personalmente mi piace dare un nome ai miei file modello PHP in modo che finiscano con `.html.php`. Per quanto riguarda il tuo server web, però, questi sono ancora file `.php`; il suffisso `.html.php` serve come promemoria per ricordarti che questi file contengono sia codice HTML che PHP.

www.ingramcontent.com/pod-product-compliance
Lightning Source LLC
LaVergne TN
LVHW051340050326
832903LV00031B/3662
* 9 7 9 8 7 0 4 7 2 2 2 5 0 *